평등과 영원의 복음,
로마서

평등과 영원의 복음, 로마서

2021년 1월 11일 초판 1쇄 인쇄
2021년 1월 18일 초판 1쇄 발행

지은이 | 김재홍
펴낸이 | 김영호
펴낸곳 | 도서출판 동연
편   집 | 김구 박연숙 전영수 정인영 김율 디자인 | 황경실
등   록 | 제1-1383호(1992. 6. 12)
주   소 | 서울시 마포구 월드컵로 163-3
전   화 | (02)335-2630
전   송 | (02)335-2640
이메일 | yh4321@gmail.com

ISBN 978-89-6447-633-8 03230

평등과 영원의 복음,

로마서

김재홍 지음

동연

복음적 삶으로의 초대

김재홍 목사의 '로마서 강의'가 책의 형태를 갖추게 되어 참 기쁩니다. 김 목사는 청파교회에 부임한 이래 낮은 목소리로 교회를 섬기는 일에 최선을 다해 왔습니다. 드러난 자리에 서기보다는 늘 낮은 자리에 서서 다른 이들의 부족한 부분들을 채워주었습니다. 만나는 한 사람 한 사람을 귀히 여기고 그들의 이야기를 경청하는 데 힘썼습니다. 낮은 목소리로 말하지만 그의 목소리는 시간이 지나면서 점점 또렷한 메시지를 담게 되었습니다.

봄·가을 학기에 열리는 성서학당을 통해서 그는 참 좋은 강의를 많이 했습니다. 깊이 연구하고, 충분히 곰새긴 후에, 가장 쉽고도 적절한 언어로 그 내용을 전달하곤 했습니다. 농부가 이미 써레질한 논을 곰써레하듯 그는 자기 언어를 잘 벼렸습니다. 지난 학기에 진행했던 로마서 공부는 코로나19로 인해 대면 강의가 불가능했습니다. 강의안을 올리고 교우들의 질문과 의견을 경청하고 또 거기에 응답하는 방식일 수밖에 없었습니다. 목마름을 안고 있던 많은 이들이 그 강의를 들으며 깊은 감명을 받았습니다. 이 책은 그런 반응의 결과물입니다.

김 목사는 로마서를 통해 오늘 한국교회의 실상을 돌아보자고 제안합니다. 로마서는 흔히 성경 중의 성경이라는 세평을 듣는 책입니다. 구원의 진리가 그 속에 오롯이 담겨 있다고 여겨지기 때문입니다. 그러나 로마서는 구원의 교리만을 가르치지 않습니다. 구원받은 이들의 삶이 어떠해야 하는지도 가르칩니다. 신앙은 상식을 넘어서는 것이지만 상식을 배제하지는 않습니다. 몰상식을 신앙으로 치장하고, 교리적 편견을 뜨거운 확신으로 포장하는 오늘의 한국교회 현실은 로마서를 오독하고 있는 것 같습니다.

김 목사가 성서의 바른 가르침을 탐색하는 과정도 소중하지만, 그것이 우리 삶에 어떻게 적용되어야 하는지를 말할 때 그의 목소리는 더욱 또렷해집니다. 지금 우리가 살고 있는 세상은 혐오와 배제의 언어가 넘실거리는 바다입니다. 교회라고 하여 다르지 않습니다. 그리스도의 몸으로서의 교회가 그 본질은 잃어버리고 형해(形骸)만 남았다는 의심이 도처에서 터져 나오고 있습니다. 거룩한 말, 살리는 말, 북돋는 말을 해야 하는 신자들이 유다서가 말하듯 "자기들의 수치를 거품처럼 뿜어 올리는 거친 바다 물결이요, 길 잃고 떠도는 별들"(유다 1:13)과 같지 않은지 돌아보아야 할 때입니다. 뜻있는 많은 이들이 당혹스러워하고 있습니다. 이런 때 『평등과 영원의 복음, 로마서』는 짙은 안개 속에 갇힌 듯 답답한 이들에게 좋은 길 안내자가 되리라 생각합니다. 믿음을 고백하는 이들이 함께 이루어가야 할 세상은 사람과 사람 사이를 가르는 분열의 담이 허물어진 세상, 낯선 이들과도 사랑으로 소통하는 세상이 아닐까요? 김 목사는 바로 그 길로 우리를 안내합니다.

김재홍 목사와 저는 근 20년 가까운 세월을 동역한 소중한 동지입니다. 함께 지내다 보니 신앙의 지향과 빛깔이 비슷해졌습니다. 참 고마운 인연입니다. 듬쑥한 그의 사람됨을 알기에 그가 하는 모든 일을 응원하고 싶습니다. 그의 첫 책이 도서출판 동연을 통해 나오게 되어 기쁩니다. 암중모색하며 믿음의 길을 걸으려는 이들에게 이 책은 좋은 길동무가 되어 줄 것입니다.

청파교회 담임목사

김기석

이 책은 청파교회에서 이루어진 성서학당 강의 〈평등과 영원의 복음, 로마서〉의 강의록을 기반으로 만들어졌습니다. 아니, 거의 강의록 그대로가 책이 되었습니다. 강의록을 책으로 출판하면서 독자를 위해 구어체를 문어체로 바꾸려 했으나, 강의 형태 그대로 출판하는 것이 더 맛을 살리는 방법이겠다는 의견이 있어 구어체 형태로 출판하게 되었습니다. 책이지만 강의를 듣는 느낌으로 읽으시면 좋겠습니다. 강의는 일주일에 한 번, 8주간에 걸쳐 이루어졌습니다.

로마서 강의를 진행하게 된 계기는 1강에 자세히 기술했습니다. 로마서를 강의할 때 세세한 주석보다는 로마서의 중심된 주장이 무엇인지, 바울이 로마서를 통해 이야기하고자 하는 바가 무엇인지를 밝히는 데 집중했습니다.

오늘 우리의 로마서 읽기의 가장 큰 문제점은 편식이라는 생각을 자주 해왔습니다. 로마서는 마치 큰 산과 같습니다. 두 능선이 마주 서 있고 그 사잇길을 따라 여러 힘겨운 고개를 넘어서면 아주 높고 아름다운 정상을 만나게 됩니다. 그 정상에서 마주하게 되는 풍경은 참으로 감격스럽습니다. 칭의(稱義)는 정상에 이르는 가운데 만나게 되는 하나의 봉우리입니다. 물론 그 봉우리는 정상과 다른 봉우리와 능선과 연결되어 있습니다. 이 책을 통해 로마서를 두루 음미할 수 있게 되면 좋겠습니다.

로마서의 성경 인용은 새번역본을 사용했습니다. 해마다 교회에서 진행하던 성서 강의였지만 이번에는 예기치 못한 상황 때문에 비대면으로 진행할 수밖에 없었습니다. 고심 끝에 강의를 녹음해서 온라인으로 공유하며 강의를 진행했습니다. 낯선 방식의 강의를 많은 분이 수강해 주셨습니다. 청파교회 교인뿐 아니라 먼 지방과 해외에서도 수강해 주셨습니다. 강의가 끝나면 댓글을 달아 질문도 남겨 주시고, 공감도 표해 주셨고, 강의 녹음 파일을 가족과 지인들에게까지 전해 주셨습니다. 로마서 공부를 함께한 모든 분께 감사를 드립니다. 그리고 바울이 구술한 로마서를 옆에서 글로 받아 적는 수고를 했던 더디오처럼 강의가 끝날 때마다 강의 내용을 텍스트로 만들어 수강생들과 공유해 주셨던 최영민 집사님께 특별한 감사의 인사를 전합니다.

직접 로마서 강의를 수강하시고 '책으로 만들자' 제안해 주셨던 도서출판 동연 김영호 장로님과 책을 편집해 주신 편집자에게 감사를 드립니다. 오랜 세월 부족한 사람의 길잡이 되어 늘 많은 가르침을 주시며 이 책에 과분한 추천사를 써 주신 김기석 목사님께도 감사를 드립니다. 가족들, 청파교회의 교우들, 목회실 식구들, 오랜 시간 함께 말씀을 읽고 토론해 온 청파청년부에게도 고마움을 전합니다.

이 책은 저의 첫 책입니다. 이 책을 아버지 고 김천희 권사님과 항상 저를 위해 기도해 주시는 어머니 정영희 권사님께 바칩니다.

2020년 12월
지은이 김재홍

차 례

제1강

강의를 시작하며

1. 로마서 강의를 열게 된 계기

　먼저 로마서 강의를 열게 된 계기부터 말씀 드리겠습니다. 첫째 이유는 교계의 상황입니다. 이번 코로나 사태가 시작될 때 신천지라는 이단 종파가 문제의 중심에 있었습니다. 그런데 신천지는 이전부터 한국교회의 큰 문제였지요. 한국 사회와 한국 교회는 신천지를 제대로 치리하지 못했습니다. 그들의 명백한 이단사상과 반사회적인 행태를 미리 치리하지 못한 결과는 참담했습니다. 그런데 한국 교회는 왜 신천지를 치리하지 못한 것일까요? 많은 분석이 가능하겠습니다만 하나의 견해를 말씀드려보겠습니다. 신천지가 한국교계에 등장하여 큰 무리를 일으키기 시작한 것은 십여 년 전입니다. 2008년 쯤으로 기억하는데 기독청년아카데미 사무국장으로 있던 안기홍 국장과 신천지 이야기를 나눈 적이 있습니다. '그들은 성경의 종말론을 그릇되게 이용하고 있다. 사람들 마음에 두려움을 주입하고 나만 구원받으면 된다는 생각을 갖게 만들고 있다. 그건 결국 사람들을 도구화하고 수단화한다. 신천지는 가정과 교회와 사회가 어떻게 되든 상관없이 자기 몸집 불리기에만 열을 내는 암적 존재 같다. 그런데 사실 한국의 일반 교회들도 양상으로는 신천지와 비슷하지 않은가, 사회의 문제에 무관심한 채 자기들만의 천국을 만들어가고 있는 거 아닌가, 한국 교회가 신천지를 제대로 치리하지 못한 이유는 어쩌면 거기 있을 수 있습니다. 신천지와 자신의 모습이 크게 다르지 않다는데. 로마서는 기독교 역사에 있어 교회가 그릇된 길을 갈 때마다 뿌리로 돌아가 다시 바른 길을 갈 수 있도록 도와주는 길잡이가 되어준 성경입니다. 중세 루터 때가 그랬고 세계 대전 후 칼 바르트 때가 그랬습니다. 본을 잃어버린 한국 교회가 정말 새로워질 때가 되었습니다. 로마서를 통해 우리 신앙과 믿음의 뿌리와 근원을 새롭게 할 수 있길 소망합니다.

그리고 둘째 이유는 소통이었습니다. 우리 한국 사회에 많은 문제가 있지만 피부로 느끼는 가장 큰 문제는 소통이 아닌가 합니다. 갈등이 없는 사회는 없지만, 우리나라는 좀더 특수한 상황에 놓여 있습니다. 분단, 이념의 대립으로 나라가 둘로 나뉘고 전쟁도 치르고 극한 대립을 70년 넘게 지속해오고 있습니다. 다름과 차이를 용인한다는 것이 구조적으로 어려운 사회입니다. 조금만 달라도 정죄와 배제의 대상이 됩니다. 여러 인사가 혐오와 증오가 문제라는 말을 하고 있습니다만 사실 우리나라는 구조적으로 혐오와 증오가 디폴트 값(기본값)으로 설정되어 있는 사회입니다. 그런데 로마서는 사실 이 다름의 문제, 차이를 넘어선 소통을 중심 주제로 다루고 있는 성경입니다. '로마서의 주제가 소통이라구? 들어본 적이 없는데'라고 생각하시는 분이 계실지 모르겠지만 이제 앞으로 함께 로마서를 읽고 묵상해 나가다 보면 제 말에 공감하시게 될 것입니다. 바라기는 그런 제 말에 공감하실 뿐 아니라, 바울이 일러주고 있는 소통의 복음을 잘 익혀 이 불통의 사회 속에서 소통의 길을 열어가는 저와 여러분이 되면 좋겠습니다.

세 번째 이유는 환경 문제 때문입니다. 최근 수년째 인류의 가장 큰 문제는 환경문제가 아닐까합니다. 지금은 기후 위기의 시대를 넘어 기후 재난의 시대가 되었습니다. 작년 뉴욕에서 열렸던 유엔 기후행동 정상회의에서 십대의 환경운동가 크레타 툰베리는 "여러분은 헛된 말로 저의 꿈과 어린 시절을 빼앗았습니다. 사람들이 고통받고 있습니다. 죽어가고 있어요. 생태계 전체가 무너져 내리고 있습니다. 우리는 대멸종이 시작되는 지점에 있습니다"라고 말했습니다. 이 시대를 향한 예언자적 외침이 아닐 수 없습니다. 바울은 로마서 8장에서 '피조물이 하나님의 자녀들이 나타나기를 간절히 기다리고 있다',

'모든 피조물이 신음하며 고통을 겪고 있다'고 말했습니다. 올바른 구원은 나만의 구원이 아닙니다. 함께 받는 구원이 올바른 구원입니다. 그 '함께'에는 비닐 쓰레기를 먹고 죽은 고래와 호주 산불로 죽은 캥거루도 포함되어 있습니다. 하나님의 자녀들은 모두의 구원을 위해 노력해야 합니다. 로마서 공부를 통해 우리 신앙의 지향이 올바르게 되고 신앙의 지평이 확대되길 소망합니다.

네 번째 이유도 있습니다. 작으면서도 큰 이유일 수 있는데요. 작년에 〈마태복음〉 강의가 끝났을 때 어느 권사님께서 "다음번에 뭐 강의하실 거예요"라고 물어보셨습니다. "아직 안 정했습니다" 했더니, '로마서 강의를 예전에 다른 곳에서 들은 적 있었는데 되게 어려웠다고, 교리적인 설명을 많이 하셨는데 이해하기 힘들었다'라고 말씀하셨습니다. 그 자리에서는 '그러셨냐고' 그냥 넘어갔는데, 로마서가 쉬운 말씀은 아니지만 그렇다고 어렵기만 한 말씀도 아니다.라는 것을 일깨워 드리는 자리가 필요하다는 생각을 했습니다.

2. 로마서는 어렵다?

그러면, 이번에는 우리가 알고 있는 로마서에 대한 이야기를 나누어 보겠습니다. '로마서'하면 뭐가 떠오르시나요? 방금 말씀 드린 '어렵다'가 떠오를 수도 있고요. 루터의 종교개혁이나 신학을 조금 아시는 분들은 금세기 신학계에 큰 파장을 일으켰던 칼 바르트의 『로마서 주석』을 떠올릴 수도 있겠네요. 기독교의 교리 형성에 중요한 역할을 한 성경으로 알고 계신 분도 있을 겁니다. 맞습니다. 믿음을 통해 하나님께 의롭게 인정을 받는다는 교리는 기독교의 핵심적 교리입니다. 그래서인지 한국 대형교회 목사들 중 로마서 연속 강해를 하지 않은 이는 거의 없습니다. 유튜브를 검색해봐도 강의나 설교가 끝도 없이 검색됩니다. 그리고 아마도 한국 기독교 출판계에 있어서 성서 관련 서적 중 가장 많은 팔린 책도 로마서 관련 서적일 겁니다. 저도 많은 로마서 관련 서적을 보고 강의와 설교를 들어보았습니다. 그런데 읽고 들으면서 계속 고개가 끄덕여지는 책과 강의는 많지 않았습니다. 그보다는 '너무 어렵게 설명한다' 혹은 '정말 저게 로마서에서 바울이 하고자 한 말일까'라는 의구심을 들게 만드는 게 많았습니다. 이번 강의를 준비하면서도 새롭게 몇 권의 책을 보았지만 제일 많이 본 것은 성경 로마서 자체였습니다. 로마서를 새롭게 10번 정독하며 정리 노트를 만들었습니다. 오히려 그게 더 큰 도움이 되었습니다. 이 강의를 들으시는 분들 중에도 로마서를 여러 번 읽어보신 분이 계시겠지만 성경공부 교재나 책에 의존하지 않고 스스로 로마서의 논지를 정리하고 뜻을 새겨본 분은 많지 않을 겁니다. 로마서가 어렵다는 선입견을 갖지 마시고, 1장부터 16장까지 반복해서 읽어보시면 거기에 담겨 있는 뜻이 더 가깝게 다가올 수 있습니다.

제주도를 여러 번 가보셨던 분 중에서도 한라산을 가보지 않은 분이 의외로 많습니다. 저도 제주를 좋아해서 여러 번 다니고 제주 관련 책도 많이 사서 읽었습니다. 한 18권 정도. 그러다가 어느 책에서 이런 대목을 읽게 되었습니다. "제주도의 절반은 한라산이다. 한라산을 가보지 않았다는 것은 제주도의 절반을 모른다는 것이다." 그래도 다른 이들보다 제주도에 대해 좀더 많이 안다고 생각했던 저였는데 그 말을 듣는 순간 '난 제주도의 절반도 모르고 있었구나'라는 생각이 들었습니다. 저도 한라산에 대한 책의 설명만 많이 읽어 보았지 실제 가보지는 못했었거든요. 그때까지만 해도요. 그 이후에 한라산의 여러 코스를 등반하며 그 말이 참으로 맞는 말이라는 것을 깨달았습니다. 한라산에 오르고 나서 만나게 된 제주는 이전의 해안 주변이나 중산간에서 만났던 제주와는 또 다른 제주였고, 그 높은 곳에서 얻게 된 시야는 제주를 전혀 다르게 보게 만들어 주었습니다. 그리고 이전보다 제주를 더 사랑하게 되었습니다. 로마서는 꽤 높은 산입니다. 로마서는 책을 통해 오르는 게 아니라 직접 올라야 합니다. 말씀을 곱씹으면서 오르고 또 오르면 끝까지 오를 수 있습니다. 그리고 그 높은 곳에서 새로운 시야를 얻게 될 것이고, 그 높은 곳에서 얻게 된 시야는 우리 믿음과 신앙을 새롭게 볼 수 있게 만들어 줄 것입니다. 제가 좋은 가이드가 되어 드리겠습니다.

3. 로마서의 배경

본격적으로 로마서의 안으로 들어가기 전에 밖에서부터 로마서를 살펴보겠습니다. 로마서는 누가 썼습니까? 바울이 썼지요. 언제 썼지요? 바울이 고린도에 있을 때, 나중에 예루살렘 교회를 거쳐 로마교회를 거쳐 스페인까지 가려는 계획을 세웠을 때 썼습니다. 그러면 왜 썼습니까? 방금 이야기한 것처럼 바울이 나중에 스페인을 갈 때 로마를 거쳐 가려고 계획을 세웠는데 그때 로마교회로부터 도움을 받았으면 좋겠다는 말을 하기 위함입니다. 바울이 로마교회에 편지를 보낼 수 있었던 것은 로마교회 출신 중 바울이 잘 아는 이들이 있었기 때문입니다. 바울의 동업자요 동역자였던 브리스길라와 아굴라 부부. 로마서 16장을 보면 그 외에도 여러 명의 이름이 언급되고 있습니다. 그때 로마교회는 큰 문제로 어려움을 겪고 있었습니다. 그 문제는 사실 바울이 복음 전도 사역을 하는 내내 깊이 고민해왔던 문제였습니다. 바울은 로마교회에 도움도 청하면서 그 문제 해결에 도움을 주고자 편지를 쓰게 된 것입니다. 그 문제는 어떤 문제였을까요?

49년에 클라우디오스 황제는 로마에 사는 모든 유대인을 추방합니다. 역사가 수에토니우스는 수에토니우스의 『황제열전』(De vita Caesarum)이라는 저서 중 〈클라우디오스 황제의 일생〉에서 이 칙령에 관하여 다음과 같이 썼습니다. "그는 유대인들을 로마에서 추방하였다. 왜냐하면 그들은 크레스투스에게 사주를 받아 끊임없이 소요를 일으켰기 때문이다." 크레스투스는 '그리스도'를 지칭하는 것으로 봅니다. 그 칙령 때문에 모든 유대인이 로마에서 떠나게 됩니다. 브리스길라와 아굴라 부부도 그때 로마교회를 떠나게 되지요. 유대 그리스도인들이 추방된 이후에, 로마교회는 이방(헬라계 또는 그리스계) 그리스도인만 남게 되었습니다. 클라우디오스 황제의 칙령은 54년 그가 죽고 네로황제가 등극함으로 말미암아 해제되었을 것으로 추정합니다. 바울이 로마서를 쓸 당시 로마교회의 상황은 5년 이상 이방 그리스도인만 있던 교회에 유대 그리스도인이 새롭게 돌아온 상황입니다. 그런데 이 둘의 사이는 어땠을까요? 초대교회라 하면 흔히들 복음의 본정신을 온전히 구현한 이상적인 공동체처럼 생각하지만, 우리가 성서에서 보게 되는 초대교회의 모습은 그렇지만은 않습니다.

예루살렘 교회도 빵을 배급할 때 히브리 말을 하는 과부들에게 먼저 나누어 주고 그리스 말을 하는 과부들에게는 나중에 주었습니다. 그래서 종종 그리스 말을 하는 과부들은 빵이 일찍 떨어지면 굶기도 했지요(행 6:1). 그뿐 아닙니다. 바울이 전도해서 세운 여러 교회에서 대부분 유대 기독교인과 이방 기독교인 사이의 갈등이 있었습니다. 안디옥 교회의 식탁 사건이 대표적이죠(갈 2:11-14). 안디옥 교회에 베드로가 찾아왔습니다. 베드로는 그곳에서 이방 그리스도인들과 함께 식탁에 앉아 식사를 했습니다. 그런데 그때 예루살렘 교회에서 유대 그리스도인들이 왔습니다. 그러자 베드로와 바나나는 밥을 먹다 말고 일어나서 나갔습니다. 본디 유대인은 이방인과 한 식탁에 앉아 식사를 하지 않죠. 율법상 그런 행위는 자기를 부정하게 만드는 일입니다. 바울은 이 일을 두고 베드로를 크게 나무랐습니다. 이방 그리스도인 입장에서는 이게 얼마나 속이 상하는 일이겠습니까? 누군가 나와 함께 밥 먹다 말고 벌떡 일어나 밖으로 나간다고 생각해 보십시오. 그리고 그 이유가 나를 부정한 자로 여겼기 때문이라면 이 얼마나 말도 안 되는 일입니까? 그것도 예수의 제자라는 사람이….

이방 그리스도인이 유대 그리스도인을 보았을 때, 그들은 예수를 그리스도로 믿는다고 하면서도 여전히 율법에 얽매여 살아가는 사람처럼 보였을 것입니다. 유대 그리스도인이 이방 그리스도인을 보았을 때, 그들은 율법보다는 믿음을 강조하며 너무 자유분방하게 사는 것처럼 보였을 것입니다. 율법과 믿음의 문제를 바울만큼 고민했던 사람이 있었을까요? 그 문제는 이방인에게 복음을 전하는 것을 자신의 사명으로 여겼던 바울을 평생 따라다닌 문제였습니다. 그랬기 때문에 바울은 자신이 오래 숙고해온 문제요. 현재 그 문제로 어려움을 겪고 있는 로마교회를 위해 긴 조언을 하게 된 것입니다. '믿음으로 의롭게 여김을 받는다'는 칭의(稱義)론 혹은 의인(義認)론을 중심으로 로마서를 읽으면 로마서의 극히 일부만 보게 됩니다. 그게 중요하지 않다고 말하고 있는 것이 아닙니다. 그것만 보지 말자는 말입니다. 중요한 것은 바울이 그 말을 꺼낸 이유와 배경입니다. 바울은 단순히 '믿지 않던 자가 믿게 되면 그것으로 구원을 얻게 된다'

를 말한 것이 아닙니다. '믿음'을 가졌으면 유대인이든 헬라인이든 다르지 않다. 그러니 서로 정죄하지 말라, 하나님 앞에 우리는 '같다'는 말을 하기 위해서 한 말입니다. 바울은 칭의를 유대 기독교인과 이방 기독교인 사이의 평등을 강조하기 위해 사용했는데, 한국교회는 칭의를 기독교인과 비기독교인 사이의 차별을 강조하기 위해 사용할 때가 많습니다. '나는 믿음이 있고 너는 믿음이 없다. 나는 믿음이 있으니 구원 받고, 너는 믿음이 없으니 구원 받지 못한다.' 이렇게 그 구절을 사용합니다. 그런 태도는 마치 유대인들이 이방인들을 향하여, '우리는 율법을 알지만 너희는 율법을 모른다'며 자기를 우위에 놓고 이방인을 무시하던 것과 아주 유사합니다. 그건 바울이 전해 준 칭의론을 완전히 반대로 이해한 겁니다. 말로는 '믿음'이라고 하는데 그 안에 담긴 내용과 밖으로 드러나는 모습은 '율법'입니다. 바울이 땅을 칠 일입니다. 바울이 말한 '칭의'의 지향점은 차별 없음이라는 사실을 잊지 말고 로마서를 읽어야 합니다.

4. 로마서 전체의 내용

마지막으로 로마서 전체의 큰 구도를 소개하겠습니다.

1:1-17은 "인사와 편지의 주제"에 대한 것입니다. 발신자, 수신

자 및 편지의 중심 주제에 대한 내용이 담겨 있습니다.

1:18부터 4장 마지막 절까지는 '평등'에 대한 이야기입니다. 바울은 두 가지 차원의 평등을 말합니다. 1:18-3:20에서는 "죄 아래서 평등"을 이야기하고, 3:21-4장에서는 "의롭게 인정받음의 평등"을 말합니다. 유대 기독교인과 이방 기독교인이 죄와 의롭게 인정받음 안에서 모두 평등하다는 것입니다.

5-8장은 "그리스도와 그리스도인의 관계"에 대해 말합니다. 유대 기독교인과 이방 기독교인 모두가 그리스도인인데 그리스도인에게 있어 가장 중요한 것은 그리스도와의 관계이지요. 율법과 인종과 같은 육체적 조건이 아니라요.

9-11장에서 바울은 "유대인과 이방인의 관계"에 대해 논합니다. 양쪽 모두를 향해 꾸짖을 것을 꾸짖고 북돋아 줄 것을 북돋아 주고 있습니다.

12-15장에서는 "그리스도인 간의 관계와 사회와의 관계"에 대해 말합니다. 신앙적 권면이지요. "서로 사랑하라", "비판하지 말고 서로를 받아들여라", "권세에 복종하라" 같은 말씀을 하고 있습니다.

16장에서는 "추천사와 안부 그리고 맺음말"로 로마교회를 향해 인물을 추천하는 말과 로마교회에 있는 지인들에 대한 안부 인사가 나옵니다.

제2강

로마서 1-2장

오늘은 로마서 두 번째 시간으로 1장과 2장의 말씀을 함께 공부해 보도록 하겠습니다. 로마서를 펼쳐놓고 강의를 들으시면 좋을 것 같습니다.

1. 인사말과 편지의 주제

1장 1절에서 7절은 인사말입니다. 1절을 보면 이 서신의 발신자는 바울임을 알 수 있습니다. 그리고 6, 7절에 보면 수신자는 '로마에 있는 모든 신도'입니다. 우리는 첫 강의를 통해 '로마에 있는 모든 신도'에는 두 부류의 신도가 있음을 알게 되었습니다. 누구와 누구였죠? 유대 기독교인과 이방 기독교인이죠. 그리고 이 둘의 사이는 상당히 좋지 않았다는 것도 우리는 알고 있습니다.

1장 8절부터 15절에서 바울은 로마교회의 교인에게 편지를 쓰는 이유를 밝힙니다.

> 11절. 신령한 은사를 나누어 주고 굳세게 하려고
> 13절. 로마 교회 교인들 가운데서 열매를 거두려고
> 14절. 나 바울은 본디 모든 사람에게 빚을 진 사람이기에
> 15절. 여러분에게 복음을 전하는 것이 나의 소원임으로

'빚진 자' 그것은 바울의 자기 인식 가운데 하나였습니다. 바울이 그 말을 쓰면서 스데반을 떠올렸을 수도 있고 자기가 박해하던 많은 그리스도인과 교회를 떠올렸을 수도 있습니다. 중요한 것은 바울은 자기가 과거에 저지른 잘못에 대해서 계속 부끄러워할 줄 아는 사람이었다는 것입니다. 이것은 바울을 이해하는데 있어서 아주 중요한 부분입니다. 그리고 사람에 대해서 미안해할 줄 알고, 고마워할 줄 아는 것, 그것이 믿는 자, 복음 전도자의 기본적 자질임을 우리는 잊지 말아야 합니다. 자기가 가진 능력으로 조금이나마 로마교회를 돕고자 하는 마음, 그들의 믿음과 신앙이 자신으로 인해 조금이라도 유익을 얻었으면 하는 마음, 모두 '빚진 자'의 마음에서 나온 것들입니다.

그간 개신교가 제국의 총과 칼을 뒤따라가 행한 전도와 선교, 한국 개신교회가 개종을 목적으로 일방적이고 공격적이고 때로는 폭력적이기까지 한 방법으로 행한 전도와 선교가 정말 전도와 선교가 맞는가는 이런 맥락에서도 재고되어야 합니다. 사실 그런 방법의 전도와 선교는 바울의 생애에서 비슷한 때를 찾아보자면 예수를 만나기 전, 예수 믿는 사람을 잡으려 다메섹으로 갈 때, 곧 율법에 이끌려 살 때가 아니었습니까? 깊이 생각해 볼 문제입니다.

1장 16, 17절은 아주 유명한 구절이죠.

> 나는 복음을 부끄러워하지 않습니다. 이 복음은 유대 사람을 비롯하여 그리스 사람에게 이르기까지, 모든 믿는 사람을 구원하는 하나님의 능력입니다. 하나님의 의가 복음 속에 나타납니다. 이 일은 오로지 믿음에 근거하여 일어납니다. 이것은 성경에 기록한 바 "의인은 믿음으로 살 것이다" 한 것과 같습니다.

이는 '복음은 인종을 가르지 않는다. 복음은 율법을 근거로 하지 않고 믿음을 근거로 한다. 믿는 자는 모두 구원을 얻는다'는 말입니다. 바울은 그 근거로 하박국 2장 4절을 인용했습니다.

'믿음으로 산다'는 말을 생각해보겠습니다. 엄밀히 말하면 의인뿐 아니라 모든 사람은 믿음으로 삽니다. 문제는 무엇에 대한 믿음인가입니다. 돈의 힘을 믿는 이는 그 믿음으로 살고 권력의 힘을 믿는 이는 또 그 믿음으로 삽니다. 바울이 말한 믿음은 하나님을 믿는 믿음입니다. '하나님을 믿는 믿음'은 무슨 믿음입니까? 앞으로 로마서의 강의는 그 질문에 대한 답을 찾는 시간이 될 것입니다.

그에 앞서 '하나님을 믿는 믿음이 아닌 믿음'에 대해 말해보겠습니다. 겉으로는 하나님을 믿는다고 말하면서도 실상 인종주의나 자기가 속한 집단의 규범을 세상 유일의 진리처럼 절대화하고 그것을 믿고 따르는 경우가 많습니다. 이것은 왜곡된 믿음입니다. 그리고 입으로는 '하나님을 믿는다' 말하면서도 몸으로는 돈과 권력과 자기 욕망을 따라 사는 이가 많습니다. 이것은 이중적 믿음입니다. 로마서를 공부해 나가면서 계속 자신에게 질문을 던지게 되면 좋겠습니다. '나의 믿음은 어떤 믿음인가?' '나는 정말 올바르게 하나님을 믿고 따르고 있는 것인가?' 만약에 우리가 그럴 수 있다면 이 강의는 어느 정도 성공한 겁니다.

2. 죄의 평등 1

1장 18절부터 32절에서 바울은 좀 갑작스럽게 하나님의 진노하심과 인간의 죄에 대해 길게 이야기를 합니다. 이 부분은 2장까지 이어집니다. 바울은 인간의 죄를 하나하나 지적하기에 앞서, 인간이 죄 앞에서 변명하거나 핑계할 수 없다고 말합니다.

하나님을 알 만한 일이 사람에게 훤히 드러나 있습니다. 하나님께서 그것을 훤히 드러내 주셨습니다. 이 세상 창조 때부터, 하나님의 보이지 않는 속성, 곧 그분의 영원하신 능력과 신성은 사람이 그 지으신 만물을 보고서 깨닫게 되어 있습니다(19, 20절).

바울은 성전 제사와 율법을 모르는 이방인이라 하더라도 인간은 누구나 하나님을 알 수 있다는 '신앙의 보편성'에 대해 이야기하고 있습니다. 이 말은, 이방인이 하나님을 알고도 죄를 지었음을 정죄하는 근거가 될 수도 있지만, 또 다른 한편으로는 이방인도 믿음을 통해 구원에 이를 수 있다는 근거가 될 수도 있습니다. 유대인들은 바울의 그 말에 동의하지 않거나 마음이 불편했을 것입니다.

그러면 이제 바울이 지적하고 있는 인간의 죄된 모습을 구절구절 살펴보겠습니다.

21절. 사람들은 하나님을 알면서도 하나님을 하나님으로 영화롭게 해드리거나 감사드리지 않음, 오히려 생각이 허망해져서, 그들의 지각없는 마음이 어두워짐
23절. 썩지 않는 하나님의 영광을 썩어질 사람이나 동물의 형상으로 바꾸어 놓음
26, 27절. 욕정에 불타오름
29절. 불의, 악행, 탐욕, 악의, 시기, 살의, 분쟁, 사기, 적의, 수군거림,
30절. 중상, 하나님을 미워함, 불손, 오만, 자랑, 악을 꾸밈, 부모 거역,

31절. 우매, 신의 없음, 무정, 무자비

바울이 열거하고 있는 죄목을 하나하나 읽으며 무슨 생각이 드셨습니까? '바울 이 사람, 인간에 대한 이해가 왜 이렇게 부정적인가?' 라는 생각도 잠시 들었다가, 이 세상사 돌아가는 일을 보면 인간이 정말 그렇지 하는 생각도 하게 됩니다.

이 부분의 말씀을 반복해서 읽다가 요한복음 8장이 떠올랐습니다. 간음하다가 현장에서 한 여인이 잡힙니다. 사람들은 그 여인을 데리고 예수님께 데려와 묻습니다. "선생님, 모세는 율법에 이런 여자들을 돌로 쳐 죽이라고 우리에게 명령하였습니다. 그런데 선생님은 뭐라고 하시겠습니까?" 예수님은 바로 답하지 않으시고 몸을 굽혀 손가락으로 땅에 무엇인가를 쓰셨습니다. 사람들이 계속 다그치자 예수님은 일어나 "너희 가운데서 죄가 없는 사람이 먼저 이 여자에게 돌을 던져라"라고 말씀하셨습니다. 바울이 계속해서 늘어놓은 죄의 목록에도 예수님의 목소리가 담겨 있습니다. '당신들 가운데 이런 죄가 없는 사람이 있습니까?' 바울이 서술한 죄의 목록을 읽어 내려가며 '나는 아니라 다행이다' 싶은 분은 그다음 계속되는 바울의 이야기를 이해하기는 어려울 겁니다. 자기의 한계와 부족함과 허물을 돌아볼 줄 아는 사람만이 바울의 논지를 이해할 수 있습니다. 그 수없이 나열된 죄의 센서에 하나도 걸리지 않는 사람이라면 그 사람은 그만큼 완벽하고 완전한 사람이 아니라, 자기는 늘 옳다는 착각 속에서 자기가 생각하는 옳음에서 벗어난 사람에게 던질 돌멩이를 가지고 사는 사람일 확률이 높습니다. 바울은 지금 로마교회의 유대 기독교인과 이방 기독교인이 서로를 향해서 던지려고 들고 있는 돌멩이를 내려놓게 만들려고 노력하고 있습니다.

그런 바울의 속내는 2장 1, 2절에 바로 드러납니다.

> **그러므로 남을 심판하는 사람이여, 그대가 누구이든지, 죄가 없다고 변명할 수 없습니다. 그대는 남을 심판하는 일로 결국 자기를 정죄하는 셈입니다. 남을 심판하는 그대도 똑같은 일을 하고 있기 때문입니다. 하나님의 심판이 이런 일을 하는 사람들에게 공정하게 내린다는 것을 우리는 압니다.**

'누구든지 죄가 없다고 변명할 수 없다' 모두가 죄에 대해 자유롭지 못하다는 이 구절은 상당히 중요한 구절입니다. 로마서 신학의 한 축을 이루기 때문입니다. 그것은 무엇이냐면 '죄의 평등'입니다. 사람은 보통 타인의 잘못에 대해서는 엄격하지만 자기의 잘못에 대해서는 관대합니다. 자기의 잘못을 인정한다는 것은 이기적인 인간에게는 힘든 일입니다. 여기서 주의할 것은 바울이 말하는 죄의 평등이 타인을 향해 '너도 그러니까 죄인이야'라는 식으로 적용되어서는 안 된다는 것입니다. '그래 나도 죄 아래 자유롭지 못해'와 같은 방식으로 적용되어야 합니다.

바울은 자기 스스로 의롭게 여기며 남을 심판하는 일에 서슴없는 이를 향해 경고합니다. 2장 3절부터 5절은 다음과 같이 말합니다.

> 사람들을 심판하면서, 스스로 그런 일을 하는 사람이여, 그대는 하나님의 심판을 피할 수 있다고 생각합니까? 아니면, 하나님께서 인자하심을 베푸셔서 그대를 인도하여 회개하게 하신다는 것을 알지 못하고, 오히려 하나님의 풍성하신 인자하심과 너그러우심과 오래 참으심을 업신여기는 것입니까? 그대는 완고하여 회개할 마음이 없으니, 하나님의 공정한 심판이 나타날 진노의 날에 자기가 받을 진노를 스스로 쌓아 올리고 있는 것입니다.

심판에 익숙한 사람, 언제나 어디서나 누구에게든 던질 수 있는 돌을 손에 들고 사는 사람에게서 '하나님의 너그러우심'은 느껴질 수 없습니다. 그런 사람이 기억해야 할 것이 있습니다. 내가 남을 향해 가지고 있는 잣대를 다른 사람들이 나에 대해서 가지고 살았다면, 나 또한 그 돌을 피할 수 없는 존재라는 것을. 믿음이 바른지 아닌지를 살피는 중요한 지표 중 하나는 타인을 향한 '너그러움'입니다.

바울은 자기의 생각을 앞세우며 남을 쉽게 판단하고 정죄하는 이들을 향해, 믿는 자의 삶의 기준은 그런 것이 아니라고 말합니다. 그는 다른 것을 기준으로 제시합니다. 2장 6절에서 10절입니다.

> 하나님께서는 각 사람에게 그가 한 대로 갚아 주실 것입니다. 참으면서

선한 일을 하여 영광과 존귀와 불멸의 것을 구하는 사람에게는 영원한 생명을 주시고, 이기심에 사로잡혀서 진리를 거스르고 불의를 따르는 사람에게는 진노와 분노를 쏟으실 것입니다. 악한 일을 하는 모든 사람에게는 먼저 유대 사람을 비롯하여 그리스 사람에게 이르기까지 환난과 고통을 주실 것이요. 선한 일을 하는 모든 사람에게는, 먼저 유대 사람을 비롯하여 그리스 사람에게 이르기까지, 영광과 존귀와 평강을 내리실 것입니다.

유대인이냐, 그리스인이냐가 중요하지 않습니다. 율법을 강조하느냐, 믿음을 강조하느냐가 중요하지 않습니다. 구원은 인종이나 논리에 있지 않습니다. 선한 일을 했느냐, 안 했느냐에 있습니다. 구원은 행함을 통해 이루어집니다. '어? 바울은 구원은 믿음을 통해 이루어진다고 하지 않았나?'라고 생각하시는 분이 계실지 모르겠습니다만 그렇게 바울을 이해하고 계셨다면 바울을 반만 이해하신 겁니다. 2장 6절을 보십시오. 바울은 분명히 말하고 있습니다.

하나님께서는 각 사람에게 그가 한 대로 갚아 주실 것이다.

그리고 이 말씀은 정확하게 마태복음 25장 31절에서 45절까지에서 예수님께서 '양과 염소를 나누는 최후의 심판'을 통해 하신 말씀과 똑같은 말씀입니다. 그때 예수님께서 말씀하신 심판의 기준은 무엇이었습니까? 인종이나 신분이나 율법의 유무, 믿음의 여부가 아니라 '너희 가운데 지극히 작은 자 하나에게 한 것'이었습니다. 바른 믿음, 중요합니다. 그러나 믿음이 바른지 아닌지는 행위를 통해서만 분간할 수 있습니다. 믿음은 선한 일을 행하는 자리에 이르러서야 참된 의미를 갖습니다.

그리고 이 본문에서 중요한 것이 하나 더 있습니다. 그것은 7절의 '불멸의 것을 구하는 삶'입니다. 불멸의 것, 영원한 것, 사라지지 않는 것, 바로 그 세계가 바울이 예수를 통해서 만나게 된 세계입니다. 바울은 로마서 6장 23절에서 '예수 안에서 영원한 생명'을 선물로 받았다고 말하고, 7장 1절에서 율법을 '한시적인 것'으로 규정합니다. 바울은 예수를 만나 영원의 세계를 보게 되었고, 영원의 세계를 보고 나니 율법이 영원하지 않다는 것을 깨닫게 되었습니다. 바울은 예수를 만나고 높은 곳의 시야, 영원의 관점을 얻게 되었습니다. 그 세계를 보고 나니 인간이 만들어놓은 수많은 차별의 세계가 의미가 없어졌습니다.

갈라디아서 3:28에서 바울은 이렇게 말했지요. "유대 사람도 그리스 사람도 없으며, 종도 자유인도 없으며, 남자와 여자가 없습니다." 이 말을 유대 자유인 남자가 들었으면 엄청 불편해했을 말입니다. 모든 기존의 사회적 기득권을 깨는 혁명적인 말이기 때문입니다. 롬 2:11에서는 이렇게 말합니다.

하나님께서는 사람을 차별함이 없이 대하시기 때문입니다.

바울의 지향은 뚜렷합니다. '차별 없음.' 영원과 관련해서 하나 더 이야기하고픈 것은 한국교회에서는 이 영원마저 교리화시켰다는 것입니다. 영원한 생명, 영생을 얻으려면 이것도 해야 하고 저것도 해야 한다. 주일 성수해야 하고, 십일조 바쳐야 하고, 입문반, 제자반, 지도자반을 이수해야 한다는 등. 이단은 이것을 좀 더 노골화해서 자신들의 교리와 교주를 믿어야만 영생하는 144,000명에 든다고 말하죠. 예수님과 바울이 보여 준 영원의 세계는 차별이 없는 세계인데 한국교회와 이단이 말하는 영원의 세계는 차별이 특화된 세계, 차별의 끝판왕입니다.

바울은 계속해서 율법을 강조하는 유대인들을 염두에 두며 말합니다. 율법이 믿음의 삶을 살고 예수를 따라 사는 데 있어서 필수조건이 아니라고 말합니다. 12절부터 24절의 이야기는 그 이야기입니다. 이방인에게는 율법을 대신할 수 있는 본성과 양심이 있다(14, 15절). 그들에게는 그것이 율법의 역할을 한다. 그러기에 율법을 안다고 해서 다른 사람들을 가르치려고만 들면 안 된다. 율법을 따라 가르쳐야 될 첫 사람은 바로 자신이다. 율법으로 자신을 가르치지 않은 상태에서 이방인을 가르치려는 유대인 때문에 하나님께서 이방 사람들 가운데서 모독을 받는다고 말합니다(24절).

25절부터 29절에서는 유대인이 율법 규정 중에 특별히 중시했던 할례에 대해 말합니다. 할례가 의미 있는 것은 율법을 지킬 때뿐이다. 할례를 받지 않은 이도 율법을 지키면 할례를 받은 이와 다를 바

없다. 28, 29절을 읽어보겠습니다.

> 겉모양으로 유대 사람이라고 해서 유대 사람이 아니요. 겉모양으로 살갗
> 에 할례를 받았다고 해서 할례가 아닙니다. 오히려 속사람으로 유대 사람
> 인 이가 유대 사람이며, 율법의 조문을 따라서 받는 할례가 아니라 성령
> 으로 마음에 받는 할례가 참 할례입니다.

유대인이냐 아니냐, 할례를 받았느냐 아니냐가 중요한 게 아니라 율법의 정신을 실천하며 살았느냐 아니냐가 중요하다는 말입니다.

정리하겠습니다. 1장에서 바울은 이방인들의 죄목을 길게 나열했지만 그것은 이방인을 정죄하기 위한 것이 아니었습니다. 2장을 읽어보니 그것은 이방인을 쉽게 죄인으로 심판하는 유대인 또한 죄 아래 자유롭지 못한 존재임을 말하기 위한 것이었습니다. 인간은 모두 죄 아래 자유롭지 못하다는 점에서 평등하니 이제 인종과 같은 문제로 다투지 말고 영원한 것을 추구하며 선한 일에 힘쓰라고 말하고 있는 겁니다. 바울은 말을 하던 가운데 바로 위에서 살펴보았던 것과 같이 '새로운 유대인론'과 '새 할례론'을 펼쳤습니다. 겉모양이 유대인이라 해서 유대인이 아니라 속사람이 유대인이 유대인이다. 살갗에 받은 할례가 할례가 아니라 마음에 받은 할례가 참 할례다. 로마교회에서 낭독자가 이 대목을 읽어내려갔을 때 어떤 유대 기독교인

은 자리를 박차고 밖으로 나갔을지도 모릅니다. 천년 이상 지켜온 유대인의 정체성을 깨는 말이었기 때문입니다. 그런데 이 말이 유대 기독교인들 입장에서는 상당히 불편할 수 있는 말이지만 이방 기독교인 입장에서는 큰 위로가 되고 힘이 되는 말씀이었을 것입니다. 로마서 후반에 가서 바울은 이방 기독교인을 향해서도 주의를 줍니다만 로마서는 전반적으로 이방 기독교인을 세워주고 북돋아주는 말씀이 많습니다. 초대 기독교회에 있어서 일반적으로 유대 기독교인이 이방 기독교인에 비해 강자였습니다. 정통성과 오리지널리티를 가졌다고나 할까요. 지난 시간에 이야기했던 예루살렘 교회와 안디옥교회의 풍경과 비슷한 풍경이 초대교회의 일반적 풍경이었던 것입니다. 유대 기독교인에 비해 이방 기독교인은 상대적 약자였죠. 히브리말을 하는 과부가 먼저 빵을 받아 가도 쉽게 불평할 수 없고, 유대 기독교인과 함께 식사를 하다가 갑자기 자기를 부정하다 생각해서 자리를 털고 일어나도 딱히 뭐라 할 수 없는….

다시 요한복음 8장으로 돌아 가보겠습니다. 율법에 따르면 꼼짝없이 죽어야만 했던 간음 현장에서 잡혀 온 여인, 사실 그 여인은 일종의 미끼였습니다. 율법주의자들은 그 여인을 이용해 예수를 잡을 덫을 놓았던 겁니다. 예수님께서 그 여인과 심판의 돌을 든 사람들 사이에 앉으셨습니다. 그리곤 "너희 가운데 죄가 없는 자가 이 여인을 쳐라"라고 말씀하시곤 그 자리를 떠나지 않으셨습니다. "너희 가운데 죄가 없는 자가 먼저 쳐라"라는 말보다 중요한 것은 보잘것없는 자의 곁을 끝까지 지켜준 자세입니다. 약자의 곁을 지켜준다는 것은 약자에게 날아드는 돌을 같이 맞을 각오를 했다는 것입니다. 사람들은 그런 예수님의 모습 속에서 율법을 넘어선 세계, 참된 생명의 세계, 영원히 존재해도 좋을 세계를 보게 된 겁니다. 그 세계 앞에서 그들의 율법 세계는 힘을 잃어버렸습니다. 그들이 내려놓은 돌은 그런 의미를 지닙니다.

바울이 유대 기독교인의 마음을 불편하게 만들면서까지 이방 기독교인의 편을 들었던 이유도 크게 다르지 않았다고 생각합니다. 바울은 같은 믿음의 형제자매이면서도 유대 기독교인들로부터 여러 번 돌을 맞아야만 했던 이방 기독교인들의 편을 들고, 그 곁을 지켜주고, 유대 기독교인들로 하여금 아직도 들고 있는 율법이라는 정죄의 돌을 내려놓게 만들기를 원했던 것입니다. 그런 모습은 다마스쿠스로 달려가던 예전의 자신의 모습이기도 했기에 바울은 정말 빚진 마음으로 그 어려운 일을 해나가고 있는 겁니다.

제3강

로마서 3-4장

오늘은 로마서 세 번째 시간으로 3장과 4장의 말씀을 공부하겠습니다. 로마서를 앞에 펼쳐놓고 강의 중에 나오는 구절을 눈으로 따라 읽어 가시면 좋겠습니다.

1. 죄의 평등 2

먼저 3장을 공부하겠습니다. 바울은 2장 말미에서 〈새이스라엘론〉과 〈새할례론〉을 펼쳤습니다. 바울이 그런 이야기를 한 까닭은 죄 아래서 유대인과 이방인이 평등하다는 이야기를 하기 위해서였습니다. 1장 18절에서부터 시작된 '죄 아래서의 평등'의 이야기는 3

장 20절까지 계속됩니다. 바울의 〈새이스라엘론〉과 〈새할례론〉이 로마교회에서 읽혀졌을 때 몇몇 유대 기독교인은 밖으로 뛰쳐나갔을지도 모른다는 말씀을 드렸죠? 그 정도로 바울의 말은 유대인들이 용납하기 어려운 말이었습니다. 3장 초입에는 유대인을 공격하고 이방인을 편드는 바울에 대한 유대인의 반론이 나옵니다.

1절. 그러면 유대 사람의 특권은 무엇이며, 할례의 이로움은 무엇인가?
5절. 인간의 불의가 하나님의 의를 드러나게 한다면, 인간의 불의에 대해 진노를 버리시는 하나님의 진노는 타당한가?
7절. 인간의 거짓됨 때문에 하나님의 참되심이 드러나 하나님께 영광이 돌아간다면, 거짓된 인간이 죄인으로 판정받을 이유가 없지 않은가?
8절. 그런 논리라면, 좋은 일이 생기게 하기 위해 악을 행해야겠네.

바울에 반대했던 유대 기독교인들의 주장을 요약해보면 이렇습니다. '유대인은 선민이다. 불의하고 거짓된 이방인과 유대인은 다르다. 불의하고 거짓된 이방인들을 통해 하나님의 의로우심과 참되심이 드러난다면, 악을 통해서도 선이 드러난다는 말인데, 만약 그렇다면 선을 드러내기 위해 악을 행하자는 말과 뭐가 다른가?' 결국, 유대인과 이방인은 다르다. 유대인은 선하고 이방인은 악하다는 말입니다. 우리는 여기서 의문을 갖게 됩니다. 정말로 유대인이 이방인을 그렇게까지 폄하하며 살았을까?

누가복음 18장을 보겠습니다. 거기에 보면 성전으로 기도하러 올라간 바리새인과 세리의 이야기가 나옵니다(9-14절). 그때 바리새인이 어떤 기도를 드렸죠? "하나님, 감사합니다. 나는, 남의 것을 빼앗는 자나, 불의한 자나, 간음하는 자와 같은 다른 사람들과 같지 않으며 더구나 이 세리와는 같지 않습니다. 나는 이레에 두 번씩 금식하고 내 모든 소득의 십일조를 바칩니다"(눅 18:11, 12). 유대인들, 율법적 유대인들에게 죄인으로 규정된 사람들이 있었습니다. 세리, 창기, 병자, 이방인. '바리새인의 기도'라고 말했지만 사실 기도라고 부르는 것은 적합하지 않습니다. 내용을 보았을 때 그것은 자기에 대한 자랑이며, 세리에 대한 혐오적 발언이라고 보는 게 더 타당합니다. 그는 자기와 다른 이들과의 차별을 강조하며 자기를 선의 자리에 위치시키고 다른 이를 악의 자리에 놓았습니다. 이는 자기를 구원의 자리에 놓고 다른 이를 멸망의 자리에 놓는 것과 마찬가지이며, 이것은 자기 스스로 심판주로 만드는 행위입니다. 선민의식과 율법과 할례의 역사는 유구합니다. 수백 년 제국의 식민 지배 속에서도 이스라엘을 지켜준 보루(堡壘), 민족의 자존심이었습니다. 그러나 아이러니하게도 그 보루와 자존심은 병자나 여인과 같은 사회적 약자에 대한 멸시와 이방인과 같은 타자에 대한 배제와 혐오를 기반으로 한 것이었습니다.

바울은 9절에서 선언하듯 말합니다. "우리 유대 사람이 이방 사람보다 낫습니까? 전혀 그렇지 않습니다." 로마서를 읽다 보면 이런

'선언적 발언'이 종종 나옵니다. 그 구절들은 하나의 점처럼 기억해 두면 좋겠습니다. 그 선언적 발언들을 하나하나 기억하며 로마서를 끝까지 읽고 나면 점 잇기 그림처럼 이전에 보이지 않던 하나의 그림이 보일 것입니다. 바울은 유대인이나 이방인이나 죄 아래 있음을 구약성경을 인용하며 재증명합니다.

> 10절(전도서 7:20). 의인은 없다. 한 사람도 없다.
> 13절(시편 5:9). 그들의 목구멍은 열린 무덤이다. 혀는 사람을 속인다.
> (시편 140:3). 입술에는 독사의 독이 있다.
> 14절(시편 10:7). 입에는 저주와 독설이 가득 찼다.
> 15-17절(이사야 59:7,8). 발은 피를 흘리는 일에 빠르며, 그들이 가는 길에는 파멸과 비참함이 있다. 그들은 평화의 길을 알지 못한다.
> 18절(시편 36:1). 그들의 눈에는 하나님을 두려워하는 빛이 없다.

의인은 없다. 한 사람도 없다. 혀, 입술, 발, 눈 인간의 모든 것이 악하다. 유대인이나 이방인이나 마찬가지다. 그러니 제발 유대인이 이방 사람보다 낫다는 생각을 하지 말라는 말입니다.

2. 의롭게 인정받음의 평등

이제 3장 21절부터는 1장 16, 17절에서 말했던 모든 믿는 이를 구원하는 하나님의 의에 대해서 말합니다. 이 주제는 4장 마지막 절까지 이어집니다. 이 단락에 제목을 붙여본다면 〈의롭게 인정받음의 평등〉이라 할 수 있겠습니다. 바울은 이 의(義)는 율법과는 상관없는 의로 예수님을 믿는 믿음을 통한 의라고 말합니다.

> 21절. 그러나 이제는 율법과는 상관없이 하나님의 의가 나타났습니다.
> 22절. 하나님의 의는 예수 그리스도를 믿는 믿음을 통하여 오는 것인데, 모든 믿는 사람에게 미칩니다. 거기에는 아무 차별이 없습니다.

바울은 다시 한번 '아무 차별' 없음을 강조합니다. 바울이 자꾸 유대 기독교인과 이방 기독교인 간의 '차별 없음'을 강조하고 있는 것은 바울이 체험했던바 초대기독교 세계 안에는 그 두 부류 사이에 차별이 너무 많았다는 것을 의미합니다.

23절에서 바울은 재차 '죄 아래서의 평등'을 말합니다.

> 모든 사람이 죄를 범하였습니다. 그래서 사람은 하나님의 영광에 못 미치는 처지에 놓여 있습니다

바로 24절에서 바울은 '의롭게 인정받음의 평등'을 말합니다.

> 그러나 사람은, 그리스도 예수 안에서 얻는 구원으로 말미암아 하나님의 은혜로 값없이 의롭다는 선고를 받습니다

죄가 인종을 가리지 않듯 의롭게 인정해주시는 하나님의 의도 인종을 가리지 않는다는 말입니다.

27절에서 바울은 선민임을, 율법을 가졌음을, 할례받았음을 자랑하던 유대인을 향해 말합니다.

사람이 자랑할 것이 어디에 있습니까? 전혀 없습니다.

여기서 주의할 것이 있습니다. 27, 28절에서 "무슨 법으로 의롭게 됩니까? 행위의 법으로 됩니까? 아닙니다. 믿음의 법으로 됩니다. 사람이 율법의 행위와는 상관없이 믿음으로 의롭다고 인정을 받는다고 우리는 생각합니다"라고 말하는데 여기서 바울이 말한 '행위의 법'과 '율법의 행위'는 율법을 앞세운 선민의식(意識)과 할례와 같은 차별적 의식(儀式, ceremony)을 말하는 것이지 2장 7절에서 말한 '선한 행위'를 말하는 것이 아님을 유의해야 합니다.

바울은 29절에서 또 하나의 '선언적 발언'을 합니다.

하나님은 유대 사람만의 하나님이십니까? 이방 사람의 하나님도 되시지 않습니까? 그렇습니다. 이방 사람의 하나님도 되십니다.

이 구절이 낭독자를 통해 로마교회에서 읽혔을 때, 구석구석에 있던 많은 이방 기독교인이 눈물을 훔쳤을 것입니다. 1963년 마틴

루터 킹 목사가 미국 워싱턴DC 링컨기념관에서 했던 연설이 생각납니다. "저는 언젠가 이 나라가 '우리는 모든 사람이 평등하게 태어났다는 것을 자명하게 여긴다'라는 신조를 실현할 것이라는 꿈이 있습니다. 조지아주의 붉은 언덕에서 주인의 아이들과 노예의 아이들이 한 식탁에 둘러앉게 될 것이라는 꿈이 있습니다. 저의 4명이 아이들이 피부색이 아닌 인격에 따라 평가받는 나라에서 살게 될 것이라는 꿈이 있습니다." 광장을 가득 메우고 있던 사람들은 구절구절 아멘과 할렐루야로 화답했습니다. 로마서 3:29의 선언에 로마교회의 이방 기독교인들도 그렇게 화답했을 것입니다.

바울은 자신의 발언이 유대 기독교인들로부터 '그럼 당신은 율법을 무시하는 것이냐?'라는 공격을 받을 수 있음을 알고는 한 마디를 덧붙입니다.

31절. 그러면 믿음으로 말미암아 우리가 율법을 폐합니까? 그럴 수 없습니다. 도리어 율법을 굳게 세웁니다.

하나님의 구원의 영역이 유대인을 넘어 이방인에게까지 넓히는 일이 율법을 폐하는 일은 아니지요. 율법의 목표는 무엇입니까? 마가복음 12장 28절에서 33절의 말씀에 따르면 그것은 하나님을 사랑하고 이웃을 사랑하는 것입니다. 이웃 사랑의 범위를 하나님께서 사랑하시는 이방인에게까지 넓히는 것, 그것은 율법을 폐하는 게 아니라 율법을 더욱 확장시키는 일, 바로 세우는 일이라는 것이 바울의 논리입니다.

로마서에서 바울은 유대인들에게 너무나도 익숙한 인물이었던 세 명의 사람을 예로 들어 자신의 논증을 뒷받침합니다. 그 인물은 4장의 아브라함, 5장의 아담, 9장의 야곱입니다. 먼저 4장에서 바울은 〈의롭게 인정받음의 평등〉의 예로서 아브라함을 이야기합니다.

바울은 3절에서 창세기 15장 6절, " 아브라함이 하나님을 믿으니, 하나님께서 그를 의롭게 여기셨다"를 인용합니다. 그 말을 근거로 바울은 10절에서 이렇게 주장합니다.

> 그러면 어떻게 아브라함이 그러한 인정을 받았습니까? 그가 할례를 받은 후에 그렇게 되었습니까? 그렇지 않으면 할례를 받기 전에 그렇게 되었습니까? 그것은 할례를 받은 후에 된 일이 아니라, 할례를 받기 전에 된 일입니다.

유대인들이 할례를 하나님께 의롭게 인정받음의 필수요소처럼 여기는 생각은 틀렸다는 것입니다. 유대인들이 믿음의 조상이라고 여기는 아브라함도 할례를 받기 전에 믿음을 통해 의롭게 인정받았다는 말씀이 창세기에 나오니 이 말씀에 의거해 할례를 받지 않은 이방인들도 믿음을 통해 의롭게 인정받을 수 있다는 말입니다.

아브라함은 1절에서 바울이 이야기한 것처럼 유대인의 조상입니다. 실로 유대인들에게 있어 아브라함이 갖는 의미는 우리가 상상하는 것 이상입니다. 아브라함은 1호 할례자입니다. 창세기 17장에 보면, 하나님께서는 아브라함에게 흠 없는 삶에 대한 다짐과 하나님과 언약의 증표로 할례를 명하십니다(창 17:1, 2). 그의 뒤를 따라 모든 유대인이 할례를 받았습니다. 고로 아브라함은 할례자들의 조상이 되었습니다. 그러나 아브라함이 의롭다 인정을 받은 것은 할례를 받기 전이었기에 아브라함은 할례를 받은 자들의 조상인 동시에 할례를 받지 않은 믿는 자의 조상이 되었습니다. 11, 12절의 이야기는 그 이야기입니다.

바울은 아브라함의 이야기를 계속 이어갑니다. 하나님께서 아브라함에게 자손을 주시겠다고 약속하신 것 또한 할례를 받기 전에 하신 약속이었다고 13절에서 말합니다. 만약 율법(할례)을 받은 사람만 상속자가 된다면 믿음은 무의미하고 약속은 헛된 것이 됩니다.

16절에서 바울은 또 하나의 선언적 발언을 합니다.

아브라함은 우리 모두의 조상입니다.

바울은 하나님께서 아브라함에게 주신 약속 "내가 너를 많은 민족의 조상으로 세웠다"(창 17:5)의 많은 민족에는 당연히 유대 민족뿐 아니라 이방 민족도 들어간다고 본 것입니다. 이 역시 바울의 다른 선언적 발언이 그러했듯이 이방 기독교인들에게 참으로 큰 위로와 힘이 되는 말이었지만 유대 기독교인들에게는 충격적이고 거부감이 드는 말이었을 것입니다.

바울이 말한 아브라함의 '믿음'을 그의 생애를 통해 알아보겠습니다. 어느 날, 하나님께서 아브라함에게 "너는 내가 보여주는 땅으로 가거라. 내가 너로 큰 민족이 되게 하고, 복의 근원이 될 것이다" 말씀하셨습니다. 아브라함은 하나님께서 말씀하신 대로 떠났습니다. 약속의 땅에 도착해보니 그곳에서 그를 기다리고 있던 것은 기근이었습니다. 그는 이집트로 내려가 더부살이를 했습니다. 아내 사라를 누이라고 속여 파라오에게 소개했습니다. 참으로 비참하며 비루하게 살았습니다. 다시 약속의 땅으로 올라온 아브라함은 롯과 함께 땅을 두고 갈등을 겪었습니다. 롯은 덥석 좋은 땅을 먼저 선택했고, 아브라함은 남은 거친 땅으로 갔습니다. 이쯤 되면 하나님은 이주 중개업 계약 위반입니다. 위반도 이런 위반이 없습니다.

하나님께서는 넉살 좋게, 거친 땅에서 살게 된 아브라함에게 다시 한 번 약속을 하셨습니다. "이 모든 땅을 너와 네 자손에게 주겠다." 그 약속 후 얼마 지나지 않아 조카 롯이 이웃 나라의 공격을 받고 포로로 잡혀가게 되었습니다. 아브라함은 그 뒤를 쫓아가 롯을 구출해왔습니다. 하나님은 다시 아브라함에게 나타나 말씀하셨습니다. "아브라함아, 네가 받을 보상이 매우 크다." 아브라함은 이렇게 대답합니다. "저에게 보상을 주신다구요? 아직 자식도 주시지 않았습니다." 하나님의 약속을 더이상 믿을 수 없었습니다. 그때 하나님은 아브라함을 장막 바깥으로 데리고 나가 이렇게 말씀하십니다. "하늘의 별을 세어 보아라. 너의 자손이 저 별처럼 많아질 것이다." 그때 아브라함은 다시 한번 하나님을 믿었습니다.

바울이 말하는 아브라함의 믿음은 이런 믿음입니다. 아무것도 보이지 않는 미래지만 약속 하나 믿고 앞으로 한 발 내디뎌보고, 역사의 수레바퀴에 치여 이리저리 밀리기도 하고, 먹고사는 문제로 자기의 바닥을 보기도 하고, 가장 가까이 지내던 이로부터 가장 큰 손해를 입기도 하고, 오래도록 성취되지 않는 약속에 번번이 마음이 상하기도 하지만, 하나님 앞에서 자기의 계획과 판단을 내려놓고 겸손히 자기의 본분과 도리를 지키면서 하나님께서 자기 삶에 들어와 활동하실 자리를 다시 한번 남겨 두는 마음, 그런 마음이 바울이 말한 아브라함의 믿음입니다. 이루 말할 수 없는 절망과 좌절, 버림 받음과 상처받음 속에서도 하나님이 자기 삶에 들어오셔서 활동하실 수 있는 영역을 끝까지 남겨 두는 것이 믿음입니다.

오늘의 말씀을 정리해보겠습니다.

바울은 3장 초입에서 유대인들의 선민의식을 깨는 이야기를 했고 유대인들의 주장들을 논박했습니다. 그리고 "유대 사람이 이방 사람보다 낫지 않다"고 못 박듯 선언했습니다. 그리고 후반부에서는 "하나님은 유대 사람만의 하나님이 아니라 이방 사람의 하나님도 되신다"고 선언했습니다.

4장에서는 그 이유로 아브라함을 예로 들면서, 아브라함이 하나님께 의롭게 여김을 받은 것은 할례를 받기 전이었기 때문에 아브라함은 할례 받은 자의 조상인 동시에 모든 믿는 자의 조상이라고 선언했습니다.

유대인들 입장에서 생각해 보면 바울이 너무한 것 아닌가 하는 생각도 듭니다. 바울은 유대인에게 있어 너무나 소중한 가치들을 하나씩 하나씩 허물어 갔습니다. 2장과 3장에서 유대인들이 목숨처럼 여기던 선민의식과 할례의 영역을 깨버리더니 4장에 와서는 그들의 조상 아브라함까지 이방인과의 공동 조상으로 만들어 버렸습니다. 그런 바울의 말에 이방 기독교인들은 기뻐했겠지만 유대 기독교인들은 분노했을 것입니다. 바울 또한 그것을 알았을 텐데 왜 그렇게까지 했던 것일까요?

누가복음 18장의 바리새인의 기도를 보면 그 기도에는 '자기 의'가 가득하다는 것을 알 수 있습니다. "나는 죄인과 같지 않다", "특히 세리와는 전혀 다르다", "나는 이레에 두 번 금식한다", "나는 모든 소득의 십일조를 바친다."

사람에게는 하나님보다 더 중요한 것이 있습니다. 그건 무엇일까요? 오랫동안 믿고 의지했던 '하나님과 같은 것'입니다. 하나님이 아닌데 하나님과 같은 것을 하나님으로 알고 오래도록 중요하게 여기며 살면 그게 하나님보다 더 중요한 게 됩니다. 바리새인과 유대인들에게 자기 의, 선민 의식, 율법, 할례가 그것이었습니다. 하나님이 아닌 것을 하나님처럼 여기고 살던 이들 앞에 진짜 하나님이 나타나자 그들이 보인 반응은 무엇이었습니까? 진짜 하나님을 기준으로 자신들의 왜곡되었던 하나님을 고치거나 버리는 것이 아니라 진짜 하나님을 죽이는 것이었습니다. 비단 그런 일은 2천 년 전에 한 번만 일어나지 않았습니다.

누가복음 18장에는 또 다른 한 명의 기도자가 나옵니다. 바리새인에 의해 죄인으로 정죄당한 세리입니다. 세리는 성전 가까이에도 오지 못하고 멀찍이 서서, 하늘을 우러러볼 엄두도 못 내고, 가슴을 치며 '아, 하나님, 이 죄인에게 자비를 베풀어 주십시오' 하고 기도드렸습니다. 예수님은 말하십니다. 바리새인보다 세리가 더 의롭다고. 바리새인과 세리의 가장 큰 차이는 무엇이었을까요? 하나님을 위한 빈자리를 '마련했느냐, 마련하지 않았느냐'입니다. 바리새인은 하나님께서 자기 안에 들어와서 활동하실 여지를 남겨 두지 않았습니다. 그러나 세리는 아예 자기의 마음자리 전부를 하나님이 들어와 활동하실 공간으로 내어 드렸습니다.

한국 교회의 교단별 총회를 보면 한국 교회는 세리보다는 바리새인에 가깝습니다. 자신의 허물을 부끄러워하며 하나님의 자비를 구하기보다는 자기 의가 충만해서 부자 세습과 같은 죄도 합법으로 탈바꿈시키고, 자기의 주장과 조금이라도 다른 단체가 있으면 이단으로 정죄하기 바쁩니다. 사회 참여를 강조하는 단체들도 비기독교적이라며 정죄하고 심지어는 가톨릭마저도 이단으로 정죄합니다.

　바울이 과하다 싶을 정도로 유대인들의 선민의식과 율법과 할례를 정면으로 공격하는 이유는 거기에 있습니다. 그런 왜곡된 믿음이 예수를 죽였기 때문입니다. 예수를 믿는다고 하면서 다시 예수를 죽인 힘을 하나님으로 고백하지 않도록, 다시 폭력을 통해 하나님의 뜻을 짓밟는 일이 일어나지 않도록 바울은 많은 어려움을 무릅쓰고 '하나님이 아닌 것'과 정면 승부를 벌이고 있는 겁니다.

제4강

로마서 5-6장

오늘은 로마서 강의 4번째 시간으로 5장과 6장의 말씀을 공부하겠습니다.

바울은 1장에서 4장에 걸쳐 유대인 기독교인과 이방인 기독교인이 죄 아래 평등하고 믿음 아래 평등하다며 이 둘 사이에 차별이 없다고 말했습니다. 그 과정에서 바울은 너무하다 싶을 정도로 유대인을 구석으로 몰아붙였습니다. 그랬던 이유는 바울이 보았을 때 유대인들이 율법과 할례와 선민의식을 앞세워 이방인을 너무 차별했기 때문이고, 그런 태도들은 예수 그리스도께서 보여주신 복음의 정신과 반대되는 것이었기 때문입니다.

바울은 5장에서 8장에 걸쳐 "그리스도와 그리스도인의 관계"에 대해 말합니다. 유대 기독교인과 이방 기독교인 모두가 그리스도인

인데, 그리스도인에게 있어 가장 중요한 것은 그리스도와의 관계라
는 겁니다.

1. 아담과 그리스도

그런 의미에서 5장 1절의 제일 앞에 나오는 '그러므로 우리는'이
라는 말은 중요한 의미가 있다고 볼 수 있습니다. 마치 1장에서부터
4장 전체를 이 두 단어로 묶은 느낌입니다. 유대 기독교인과 이방 기
독교인을 두고 '죄와 은혜 아래 동등해진 이 둘은'이라고 말하는 것만
같습니다. 인종과 문화와 역사적 배경이 달랐던 이들이 평등해지고
동등해질 수 있었던 이유는 그 둘 모두가 예수 그리스도에 대한 믿음
을 가지고 있었기 때문입니다. 4장에서 아브라함을 믿음의 공동 조
상으로 이야기한 이유도 거기에 있었죠. 그렇다면 앞으로 바울이 해
나갈 이야기는 어떤 이야기일까요? 당연히 예수 그리스도이죠. 예수
그리스도가 그들의 공통신앙분모였기 때문입니다.

5장 1절부터 11절은 하나의 단락입니다. 그 열한 절 중에는 '그리
스도로 말미암아'와 '그리스도께서'와 같이 행위의 주체자가 그리스
도로 표현된 문장이 10회나 나옵니다. 유대인, 이방인을 가리지 않
고 모든 믿는 자를 위해 그리스도께서 무슨 일을 행하셨는지 잘 살펴
보자는 겁니다.

1절. 그리스도로 말미암아 하나님과 더불어 평화를 누리게 되었습니다.

2절. 그리스도로 말미암아 은혜의 자리에 나오게 되었습니다. 그리스도로 말미암아 하나님의 영광에 이르게 될 소망을 품고 자랑하게 되었습니다.

3절. 그리스도로 말미암아 환난을 자랑하게 되었습니다(여기서 '자랑하게 되었다'는 다른 번역본 성경에서는 '기뻐하게 되었다'로 번역되었습니다. '자랑'보다는 '기뻐'가 문맥상 더 어울리는 번역 같습니다).

6절. 그리스도께서 경건하지 않은 우리를 위해 죽으셨습니다.

8절. 그리스도께서 죄인인 우리를 위해 죽으셨습니다.

9절. 그리스도의 피로 우리는 의롭게 되었습니다.

10절. 그리스도의 죽으심으로 말미암아 하나님과 화해하게 되었습니다.

11절. 그리스도로 말미암아 하나님을 자랑하게 되었습니다. 그리스도로 말미암아 하나님과 화해하게 되었습니다.

반복된 구절들이 여럿 나옵니다. 이를 모아 정리해 한 문장으로 줄이면 이렇습니다. "그리스도께서 죄인인 우리를 위해 죽으심으로 말미암아 우리가 하나님과 화해하게 되었다."

기독교인이라면 유대인이든 이방인이든 이걸 믿어야 한다는 말인데, 그말 속에는 갈등을 빚고 있던 유대 기독교인과 이방 기독교인이 '서로 화해해야 하지 않겠는가'라는 바울의 권면도 담겨 있는 것 같습니다. 같은 믿음을 가진 이와 불화하며 하나님과 화해했다고 말할 수는 없기 때문입니다.

바울은 12절부터 21절에서 아담과 예수님을 비교-대조합니다. 표를 통해 정리하면 다음과 같습니다.

5장	아담 한 사람의	예수 그리스도 한 사람의
12절	아담 한 사람의 범죄로 모든 사람이 죽음에 이르게 됨	예수 그리스도 한 사람의 은혜로 많은 사람이 선물을 받음(15절)
16절	아담 한 사람의 범죄로 많은 사람이 유죄 판결을 받음	예수 그리스도 한 사람의 은혜로 많은 사람이 무죄 선고를 받음
17절	아담 한 사람의 범죄로 죽음이 왕 노릇 하게 됨	예수 그리스도 한 사람의 은혜로 많은 사람이 생명 안에서 왕노릇 하게 됨
18절	아담 한 사람의 범죄로 많은 사람이 유죄 판결을 받음	예수 그리스도 한 사람의 의로운 행위로 모든 사람이 의롭다 인정을 받음
19절	아담 한 사람의 신중하지 않음으로 많은 사람이 죄인 판정을 받음	예수 그리스도 한 사람의 신중함으로 많은 사람이 의인 판정을 받음

여기서 아담은 모든 인류의 조상을 의미합니다. 한 사람에게서 시작된 일이 모든 사람에게 영향을 미친다는 점에서 아담은 그 이후에 오실 분, 예수 그리스도의 모형이었습니다(14절). 바울은 아담 한 사람을 통해서 모든 이가 죄로 인해 죽을 수밖에 없게 되었지만 예수 한 사람을 통해서는 모든 이가 의롭다 인정받아 생명을 얻게 되었다고 보았습니다. 지금 바울은 로마서 5장에서 엄청난 이야기를 하고 있습니다. 그는 마치 새로운 창세기를 쓰는 듯합니다. 아담 한 사람을 통해서 죄와 죽음의 세계가 시작되었지만 새로운 아담, 예수 그리스도 한 사람을 통해서는 은혜와 생명의 새로운 세계가 시작되었다

고 말하고 있습니다. 제 눈에 특별하게 들어온 구절은 16절의 '무죄 선언'입니다.

마가복음 2장에 보면, 한 중풍병 환자를 네 사람이 예수님께 데리고 나옵니다. 그런데 무리 때문에 예수님께로 데리고 갈 수가 없어 지붕을 걷어내고 구멍을 뚫어, 중풍병 환자를 줄로 달아 아래로 내렸습니다. 예수님은 그들의 기이한 행동 속에 담긴 믿음을 보시고서는 중풍병 환자에게 말씀하십니다. "네 죄가 용서받았다." 예수님이 그 말씀을 하시는 순간 분위기가 갑자기 싸해졌습니다. 율법학자들이 보았을 때, 그런 용서의 선언, 무죄 선언은 하나님만이 하실 수 있는 것이었기 때문입니다. 예수님은 신성모독 죄를 저질렀습니다. 예수님께서는 그들의 분노와 불편한 마음을 모두 읽으셨습니다. 그리고 그들의 분노와 불편한 마음이 언젠가 자신을 죽음으로 내몰 것을 아셨지만 당신 눈앞에 있는 사람의 병을 고쳐주셨습니다. 예수님께서는 중풍병 환자에게 "일어나서 네 자리를 걷어서 집으로 가거라" 말씀하셨습니다. 그러자 그는 모든 사람이 보는 앞에서 자리를 걷어서 나갔고 사람들은 모두 크게 놀라서 하나님을 찬양하고 "우리는 이런 일을 전혀 본 적이 없다"고 말했습니다.

바울이 살았던 세계, 아담으로부터 시작되어 내려온 세계 속에서는 병도 죄였습니다. 병은 죄에 대한 심판이었습니다. 병자는 병이 주는 고통과 더불어 죄인이라는 낙인까지 견뎌야 했습니다. 예수님은 그런 세계는 잘못된 세계라 여기셨고 병은 고침과 치유의 대상이지 정죄의 대상이 되어서는 안 된다고 보셨습니다. 예수님께서 중풍 병자를 향해 먼저 "일어나서 네 자리를 걷어서 걸어가거라" 말하실 수 있었지만 "네 죄가 용서받았다"를 먼저 말씀해주신 이유도 거기에 있습니다. 그 공동체 사람들이 그를 이제는 더이상 죄인으로 여기지 말라는 겁니다.

죄를 지은 자가 유죄 선고를 받고 죽음에 이르는 것이 당연한 세계가 아담의 세계였습니다. 병자와 가난한 이들과 여성과 같은 사회적 약자들이 죄가 없음에도 죄인으로 정죄 받고, 그들을 편드는 이들마저 죄인으로 정죄 받던 세계가 아담의 세계였습니다. 그러나 예수의 세계는 용서와 치유와 회복의 세계였습니다. 물론 그 일에는 대가가 필요했고 예수는 당신의 생명으로 그 대가를 치르셨습니다. 그의 의로운 죽음은 결국 이 세상에 영원한 생명의 길을 여셨습니다.

바울이 아담의 세계와 예수의 세계를 극단적으로 비교-대조하는 이유는 우리가 이 두 세계 중에 어느 세계에 속해 있는가 살펴보자는 겁니다. 예수에 속해 있다고 말은 하지만 여전히 '죄와 정죄, 죽음'의 세계에 살고 있는 건 아닌지 돌아보자는 말입니다. 바울이 21절에서 예수 세계의 특징을 '영원한 생명'으로 표현하고 있는 부분에 주목할 필요가 있습니다. 예수를 그리스도로 고백하는 이들의 삶이 다른 이와의 관계 속에서 어떻게 드러나야 할까를 생각해 보았을 때, 그것은 '영원한 생명'을 느끼게 하는 방식으로 드러나야 합니다. 누군가 우리를 만났을 때, 자꾸 죄의식을 갖게 만든다거나 그가 나로부터 정죄

받거나 차별받는 느낌을 계속 갖게 된다면 우리는 아직 아담의 세계에 속해 있는 겁니다. 그것은 예수님 당시의 바리새인들이 사람들에게 느끼게 해준 세계였습니다. 예수 그리스도께서는 만나는 사람들마다 '영원한 생명'을 느끼게 해 주셨음을 우리는 기억해야 합니다.

2. 그리스도의 종이 되어

바울은 5장 20절에서 율법에 대해 이렇게 말한 바 있습니다.

율법은 범죄를 증가시키려고 끼여 들어온 것입니다. 그러나 죄가 많은 곳에 은혜가 더욱 넘치게 되었습니다.

그와 비슷한 말이 6장 1절에 나옵니다.

그러면 우리가 무엇이라고 말을 해야 하겠습니까? 은혜를 더하게 하려고, 여전히 죄 가운데 머물러 있어야 하겠습니까?

당연히 그럴 수 없지요. 죄가 많은 곳에 은혜가 더욱 넘치게 되었다는 말은 죄를 많이 지을수록 많은 은혜를 받는다는 말이 아니라, 죄로 인해 아파하고 깊이 반성하는 만큼 은혜가 넘친다는 말입니다.

그리고 바울에 따르면 그리스도인은 이미 죄에 대해 죽은 자이기 때문에 죄 가운데 머물 수 없습니다. 바울은 그리스도인은 세례를 통해 그리스도와 하나가 됨으로 죄에 대해 죽은 자가 되었고 예수와 함께 부활한 새로운 존재가 되었다고 말합니다(3-8절).

바울에게 있어 그리스도는 죽은 사람들 가운데서 살아나셔서, 다시 죽지 않으시며, 다시는 죽음이 그를 지배하지 못하는 분이었습니다(9절). 곧 바울에게 있어 예수님은 죽음도 죽이지 못한 존재, 죽음의 지배를 넘어선 존재, 곧 영원한 존재였습니다. 바울이 예수님을 통해서 보게 된 세계가 그 영원의 세계입니다. 그 세계는 말씀과 예언을 통해서 계시되기는 했지만 바울의 기존 세계였던 아담의 세계와 율법의 세계에서는 경험해 보지 못했던 세계였습니다. 예수 그리스도에 대한 바울의 고백은 계속됩니다. 그리스도는 죄에 대해서 단번에 죽으시고 하나님을 위해서만 사셨던 분이었습니다(10절). 죄에 대해서 죽었다는 건, 죄의 지배를 받지 않았다는 말입니다. 바울은 예수를 그리스도로 고백하는 그리스도인들 또한 그렇게 살아야 한다고 11절에서 말하고 있습니다.

> 이와 같이 여러분도, 죄에 대해서는 죽은 사람이요. 하나님을 위해서는 그리스도 예수 안에서 살고 있는 사람이라는 것을 알아야 합니다.

인간에 대한 이해가 너무 단순하고 이원론적인 건 아닌가 싶습니다. 그리고 '죄에 대해 죽은 자'로 살아야 한다는 말은 비현실적이기까지 한 느낌입니다. 어찌 인간이 죄인과 의인으로 딱 구분될 수 있겠습니까? 죄와 의, 이 둘 사이를 오가는 게 인간이지 않습니까? 바울도 7장에 가서 이런 인간적 고뇌를 솔직하게 표현하기도 합니다. 7장 24절. "오호라 나는 곤고한 사람이로다. 이 사망의 몸에서 누가 나를 건져 내랴"(개역성경). 그런 현실이 있음에도 단호하게 그리스도인을 '죄에 대해 죽은 사람'이라고 말한 이유는 무엇일까요? 6장에는 '그리스도와 함께' 혹은 '그리스도와 연합하여'라는 표현이 반복적으로 등장합니다. 바울은 예수 그리스도를 보면서 사람이 '죄에 대해 죽은 사람'처럼, 곧 죄의 지배를 받지 않고 온전히 하나님의 지배를 받으며 사는 것이 가능하다는 것을 보았고, 그리스도께서 하셨으니 우리가 그와 함께 연합한 사람이라면 우리도 그렇게 살 수 있지 않겠냐, 말하고 있는 겁니다. 바울은 지금 일종의 신앙적 도전을 하고 있습니다. 이런 면에서 보면 바울은 베드로를 닮았습니다. 저돌적입니다. 예수님이 물 위를 걸으시니 나도 걸을 수 있겠다 생각하고 물 위로 발을 그냥 내려놓는 겁니다. 행여 빠지게 되더라도 붙잡아 건져 주실 분을 믿고….

15절 이하에서 바울은 죄의 종과 의의 종에 대해서 말합니다. 표로 정리하면 다음과 같습니다.

'죄'의 종	'의'의 종
의를 생각하지 않음	의에 순종함
열매 없음	거룩함이라는 열매를 맺음
죽음에 이름	영원한 생명에 이름

　　사회 구성원 대부분이 노예였던 로마 사회였기에 바울은 주인과 종의 관계를 예로 들어 그리스도와 그리스도인의 관계를 설명합니다. 그리스도인은 죄에게 자신을 맡기거나 죄에 복종하면 안 됩니다. 그 순간 그는 죄의 종이 되는 겁니다. 그리스도의 종이 아니라. 그런데 어느 그리스도인이 죄의 종이 되고자 하겠습니까? 모두 그리스도의 종이 되고 싶어하죠. 그러나 악마가 머리에 뿔을 달고 우리 앞에 나타나는 게 아니라 극히 평범한 모습으로 우리 가까이 존재하듯 죄 또한 검고 어두운 옷을 입고 우리 앞에 나타나지 않습니다. 빛의 옷을 입고 나타납니다.

　　유하라는 시인의 〈오징어〉라는 짤막한 시가 있습니다.

눈앞에 저 빛!
찬란한 저 빛
그러나 저건 죽음이다
의심하라 모오든 광명을!

어두운 밤바다에 오징어를 잡기 위해 집어등을 환하게 밝힌 오징어 배를 소재로 만든 시입니다. 죄가 어둡고 칙칙하다면, 누가 보아도 매력적이지 않다면 죄의 종이 되려는 사람은 없을 겁니다. 그러나 죄는 에덴동산 중앙에 있던 나무 열매와 같습니다. 아담과 하와가 보았을 때 '먹음직도 하고, 보암직도 할 뿐 아니라, 사람을 슬기롭게 할 만큼 탐스럽기도 했던 것처럼' 매력적이고 유혹적입니다. 저것만 먹으면 내가 하나님과 같아질 것만 같습니다. 그러나 집어등같이 환한 빛은 우리의 영혼을 낚아채는 죽음의 낚싯바늘일 수 있습니다. 우리는 우리 앞에 있는 빛이 진짜 빛인지 그 안에 낚싯바늘이 있는 건 아닌지 정말 면밀히 살펴야 합니다. "의심하라 모오든 광명을!" 한국 교회의 교인들이 유하 시인의 말만 잘 들었어도 상황이 이렇게까지 나빠지지는 않았을 겁니다.

바울이 말하고 있는 의의 종은 그리스도의 종을 말합니다. 그리스도인은 그리스도에게 순종하는 그리스도의 종이 되어야 합니다. 누군가에게 복종하고 순종하는 것, 누구의 종이 된다는 것은 결코 쉬운 일이 아닙니다. 그러나 바울은 우리에게는 오로지 죄의 종이 되든지 그리스도의 종이 되든지 둘 중에 하나의 길밖에 없다고 말하고 있습니다. 한용운은 〈복종〉이란 시에서 아름다운 자유보다 달콤하고 행복한 복종이 있음을 말합니다.

남들은 자유를 사랑한다지만
나는 복종을 좋아하여요.

자유를 모르는 것은 아니지만
당신에게는 복종만 하고 싶어요.
복종하고 싶은데 복종하는 것은
아름다운 자유보다도 달콤합니다.
그것이 나의 행복입니다.
그러나 당신이 나더러 다른 사람을
복종하라면 그것만은 복종할 수가 없습니다.
다른 사람을 복종하려면 당신에게
복종할 수 없는 까닭입니다.

한용운의 마음과 바울의 마음이 다르지 않았을 거라 생각합니다. 진실한 복종은 한 존재에게만 할 수 있습니다. 나에게 하나님을 느끼게 해준 존재, 내게 영원의 세계를 보여준 존재와 가치를 위해 기꺼이 나의 삶을 바칠 때 우리는 참으로 인간다워지고 영원의 일부가 될 수 있습니다.

정리하겠습니다. 바울은 5장에서 그리스도인은 그리스도의 죽으심을 통해 하나님과 화해하게 되었다고 말한 이후에 죄와 유죄 선고와 죽음만 있는 아담의 세계에 살지 말고 예수님께서 새롭게 여신 세계, 용서와 무죄선고와 생명 살림이 있는 세계에서 살아야 한다고 말했습니다. 그리고 6장에서는 그리스도인은 그리스도와 함께 죽고 함께 사는 존재라고, 그리스도인은 죄의 종이 아니라 그리스도의 종이 되어 살아야 한다고 말했습니다. 그것이 영원한 생명의 열매를 맺는 길이라고 말했습니다.

　오늘의 말씀을 묵상하고 나니 커다란 질문을 만나게 되었습니다. '나'라는 한 사람을 통해서 이 세상에는 어떤 세계가 펼쳐지고 있을까? 내 주변 사람들은 나를 통해 어떤 세계를 보고 있을까? 분명한 것은 내 주변 사람들은 내가 지금 보고 있는 세계를 나를 통해 보고 있다는 것입니다. 그리고 내가 이 세상에 보여 줄 수 있는 세상은 지금 내가 바라보고 있는 세상뿐 이라는 것입니다. 바울이 한 사람을 통해 새로운 세계가 열렸다고 한 말이나, 어떤 가치를 주인으로 바라보고 살 것인가 결정하라고 한 말이 얼마나 중요한 말인가를 새삼 깨닫습니다. 예수는 하나님을 바라보고 살아 이 세상에 하나님을 보여 주셨습니다. 바라기는 우리도 영원한 생명이신 예수 그리스도를 바라보고 살아, 우리를 바라보는 이들 또한 우리를 통해 그 세계를 바라볼 수 있으면 좋겠습니다.

제5강

로마서 7-8장

오늘은 로마서 강의 다섯 번째 시간입니다. 로마서가 총 16장이니 딱 중간에 왔네요. 7장과 8장에서 바울은 율법, 죄, 성령에 대해 말합니다. 좀 어려운 내용들이 연속적으로 나와 여러분이 어려워하시지 않을까 살짝 걱정됩니다. 그러나 마지막 깔딱고개를 넘어서면 곧 정상이 나오듯, 이 어려운 고개를 넘어서면 곧 로마서의 봉우리에 서게 될 것입니다. 평소보다 조금 더 집중하며 바울의 이야기에 귀를 기울여 보겠습니다.

7, 8장을 공부하기에 앞서 우리가 잊지 말아야 할 것은 5장 초입에서 설명드렸듯이 이 단락은 그리스도와 그리스도인의 관계에 대해서 이야기하고 있다는 것입니다.

1. 율법과 그리스도인

그럼 7장으로 들어가 보겠습니다. 1에서 6절에서 바울은 그리스도인은 율법에서 풀려나 그리스도에게 속하게 된 존재라고 말합니다. 결혼했다가 남편이 죽은 경우, 그 여인이 다른 남자와 결혼할 수 있음을 예로 들며, 그리스도인은 더이상 율법에 속한 자가 아니라 그리스도에게 속한 자라고 말합니다. 이 논증에서 우리가 주목할 부분은 율법의 한계와 부정적 기능입니다. 율법은 죽음을 넘어서까지 영향력을 행사하지 못합니다(1절). 율법은 우리 몸에 죄의 욕정을 불러일으킵니다. 그래서 결국 우리를 죽음에 이르게 합니다(5절).

7에서 13절은 이에 대한 부연 설명입니다. 바울은 율법의 순기능에 대해서도 말합니다.

7절. 율법이 죄입니까? 그럴 수 없습니다. 율법에 비추어 보지 않았다면 나는 죄가 무엇인지 알지 못하였을 것입니다.

율법은 죄를 죄로 드러내 주고 그래서 우리로 하여금 죄를 짓지 않도록 도와줍니다. 그러기에 율법은 거룩하고 의롭고 선한 것입니다(12절).

신명기 32장 47절에 보면, 율법을 생명이라고, 그러니 율법에 순종하라고 명령하고 있습니다. 그러나 바울은 10절에서 '나를 생명으로 인도해야 할 그 계명이 도리어 나를 죽음으로 인도합니다'라고 말합니다. 율법에 대한 유대인들의 이해와 바울의 이해가 정면으로 충돌하고 있습니다. 율법이 생명을 주는 게 아니라 죽음을 가져왔다고 말합니다. "나는 욕망한다. 내게 금지된 것을"(라캉)이란 말이 있듯이 금지가 없었다면 욕망도 없었을 텐데 금지함으로 욕망하게 되었고, 그 욕망함으로 금지를 어겨 결국 범법과 죽음에 이르렀다는 말입니다.

그러나 엄밀히 말해서 뭔가를 금지하는 율법이 곧 우리를 죽음에 이르게 하는 것은 아니죠. 선악과를 따 먹으면 안 된다는 율법의 지침이 우리에게 죽음을 가져오는 게 아니라 따 먹지 말았어야 했던 것을 따 먹고 싶어 한 우리의 욕망과 그 욕망을 실행에 옮긴 우리 자신이 죽음을 가져온 겁니다. 그런데 바울은 그 선악과를 따먹고 싶어 한 생각의 책임이 인간에게 있는 것이 아니라 인간 속에 있는 죄에 있다고 말합니다(17절). 죄와 죄를 지은 인간을 분리해서 생각하는 바울의 태도는 위험하면서도 불편합니다. 영과 육을 분리해서 생각했던 영지주의자들, 죄를 짓고도 죄가 없다고 주장했던 요한공동체의 적대자들을 생각나게 만듭니다. 그리고 구속을 피하기 위해 자기가 지은 죄를 동료에게 전부 뒤집어씌우는 범죄자를 연상시키기도 합니다. 그러나 바울은 14절에서 인간은 육정에 매인 존재, 죄 아래 팔린 몸이라고 말함으로써 결코 죄에서 자유로울 수 없음을 인정했습니다.

죄와 분리된 존재이건만 죄와 분리되기 어려운 인간의 이중성을 바울은 22-24절에서 이렇게 표현합니다.

나는 속사람으로는 하나님의 법을 즐거워하나, 내 지체에는 다른 법이 있어서 내 마음의 법과 맞서서 싸우며, 내 지체에 있는 죄의 법에 나를 포로로 만드는 것을 봅니다. 아, 나는 비참한 사람입니다. 누가 이 죽음의 몸에서 나를 건져 주겠습니까?

자기의 이중성 앞에서 비참함을 느끼는 바울. 여러분 눈에는 어떻게 보이십니까? 사도라 하기에는 나약하고 볼품없어 보이십니까. 저에게는 참으로 인간다워 보입니다. 그리고 바르게 보입니다.

바울은 죄가 많은 곳에 은혜가 많다고 했습니다. 자기의 죄성을 깊게 들여다보고 그로 인해 절망하고 비참함과 곤고함을 느껴본 사람만이 율법을 넘어선 은혜의 세계에 이를 수 있습니다. 그리고 절망하고 아파해본 만큼만 타인의 절망과 비참함과 곤고함에 대해서도 공감할 수 있습니다. 그러나 율법의 세계 속에는 고민과 절망이 없습니다. 그러기에 고민하고 절망하는 이에 대한 공감과 연민도 없습니다. 지키라 했으면 지키면 끝입니다. 지키지 못했으면 정죄하고 심판하면 그만입니다. 율법과 욕망 사이에서, 자기의 이중성 앞에서 끊임없이 고뇌할 수밖에 없는 게 인간이란 이해가 없습니다. 그런 이해가 없으니 뭔가 명료해 보이나 너그러움이 없는 겁니다.

바울은 25절에서 예수 그리스도께서 우리를 그 비참한 현실에서 건져 주신다고 고백합니다.

우리 주 예수 그리스도를 통하여 나를 건져 주신 하나님께 감사를 드립니다.

오랜 세월 율법 안에서만 살았던 바울의 율법에 대한 정의는 이것입니다. '율법은 죄에 빠진 우리를 건져 줄 수 없다. 율법은 많은 것을 죄로 드러낼 뿐이다. 그러니 더이상 할례와 같은 율법에 얽매이지 말라. 죄에서 우리를 건져낼 수 있는 것은 율법이 아니라 예수님이다' 우리는 복음서 곳곳에서 율법에 의해 죄인으로 정죄 받은 이들이 예수님에 의해서 구원받는 장면을 찾아볼 수 있습니다. 오히려 예수님은 타인을 율법으로 정죄할 뿐 그 율법으로 자기를 돌아보지 않는 율법주의자들을 죄인으로 정죄하셨습니다. 마태복음 23장은 그 이야기지요. 예수님은 아주 신랄하게 율법주의자들의 이중성을 비판하셨습니다. 이에 대해서는 바울도 로마서 2장 후반부에서 언급한 바가 있지요(2장 21절).

그대는 남은 가르치면서도 왜 자기 자신은 가르치지 않습니까?

그렇게 보자면 율법주의자들이 율법과 욕망 사이에서 고뇌하는 인간을 쉽게 정죄할 수 있었던 것은 그들에게 그런 이중성이 없었기 때문이 아니었습니다. 오히려 자기들에게도 그런 이중성이 있음에도 불구하고 그것을 없다고 여기는 율법의 이중성 때문이었습니다. 예수님께서 율법주의자를 더 엄히 정죄하신 이유도 거기에 있습니다. 그들은 자기 이중성을 율법의 이중성으로 덮은 채, 자기반성 없이 타자만을 정죄하고 심판하며 살았던 것입니다. 그 이중의 이중성은 자기를 구원하시려 내미신 주님의 손길을 거절하게 만들었을 뿐 아니라, 자신들의 감추진 이중성을 폭로한 예수님을 불편하게 여겨 결국 그를 죽음에 이르게 만들었습니다. 이런 율법의 이중적 이중성과 그에 기반한 폭력성 또한 율법의 부정적인 모습 중 하나입니다.

2. 성령의 역할

이제 8장을 보겠습니다. 7장에서 율법과 죄의 문제를 다룬 바울은 8장에서 성령에 대해 말합니다. 성령은 하나님의 영, 그리스도의 영으로도 표현이 됩니다. 성령은 다음의 두 가지 일을 하십니다.

첫째, 성령은 죄와 죽음의 법에서 우리를 해방시켜 생명을 누리게 하십니다. 1절부터 13절까지는 그에 대한 것입니다. 먼저 1,2절을 읽어보겠습니다.

그러므로 그리스도 예수 안에 있는 사람들은 정죄를 받지 않습니다. 그것

은 그리스도 예수 안에서 생명을 누리게 하는 성령의 법이 죽음의 법에서
해방하여 주었기 때문입니다.

7장에서 그리스도께서 우리를 죄와 율법에서 해방시켜 주신다고
했는데 8장에서는 그 일을 성령이 하신다고 말하고 있습니다. 성령
은 우리 안에 들어와 활동하시는 그리스도의 영을 말합니다. 여기서
주의할 게 있습니다. '나는 죄와 죽음에서 해방된 사람이니 아무도
나를 정죄할 수 없다'고 말하면 안 됩니다. 1, 2절을 그리스도인의
권리에 대한 선언이 아니라 그리스도인의 의무에 대한 강력한 권고
사항으로 읽어야 합니다. '죄의 힘에 이끌려 살아 죽음에 이르지 말
고 그리스도의 영에 이끌려 살아 생명에 이르라'는. 예수님은 우리와
같은 육신을 지닌 모습으로 죄를 넘어서 율법이 요구하는 바를 능히
이룰 수 있음을 보여주셨습니다(3, 4절). 율법이 요구하는 바는 무엇
이었습니까? 하나님을 사랑하고 이웃을 내 몸과 같이 사랑하는 것입
니다(막 12:30, 31). 육신을 가진 인간이 본능적 이기성 때문에 이루
지 못한 그 일을 예수님은 이루셨습니다. 그러니 우리가 그리스도의
영을 따라 산다면 그리스도께서 이루신 그 일을 우리도 이룰 수 있다
는 말입니다. 5절부터 13절까지는 그 이야기를 담고 있습니다. 바울
은 이 대목에서 육신을 따라 사는 사람과 성령을 따라 사는 사람을
비교하고 있습니다. 육신을 따라 사는 사람은 육신에 속한 것, 곧 죽
음을 생각하고, 성령을 따라 사는 사람은 성령에 속한 것 곧 생명과

평화를 생각한다고 말합니다(5, 6절). 육신을 따라 사는 사람에 대한 부연 설명이 더 나옵니다. 그는 하나님께 적대감을 품고, 하나님의 법을 따르지 않고, 하나님께 복종할 수 없고, 하나님을 기쁘게 해드릴 수 없다(7, 8절).

육신을 따라 산다는 것은 갈라디아서 5장 19절 이하에 따르면 음행과 더러움과 방탕과 우상숭배와 마술과 원수 맺음과 다툼과 시기와 분냄과 분쟁과 분열과 파당과 질투와 술 취함과 흥청망청 먹고 마시는 놀음 같은 것이라 말할 수 있습니다. 그런 행동들의 공통점은 이기성과 자기중심성일 것입니다. 바울은 그와 같이 사는 사람은 결국 죽음에 이른다고 말합니다. 그에 반해서 성령, 곧 그리스도의 영을 따라 사는 사람은 자신이 먼저 그리스도 안에서 생명과 평화를 누리고 또 이 세상에 생명과 평화를 가져오는 사람을 말합니다. 어떻게 그럴 수 있게 될까요? 13절을 보겠습니다. '육신을 따라 살면 죽을 것입니다. 그러나 성령으로 몸의 행실을 죽이면 살 것입니다.' 이는 예수님께서 "누구든지 나를 따라오려거든 자기를 부인하고 자기 십자가를 지고 나를 따를 것이니라"(막 8:34)고 하신 말씀과 같은 말씀입니다. 우리가 하나님의 은총에 이끌려 자기 안에 있는 이기성과 자기중심성의 중력을 벗어난 만큼만 우리는 이 세상에 생명과 평화를 가져올 수 있습니다.

이제 성령이 하시는 두 번째 일을 살펴보겠습니다. 성령은 하나님의 영을 따라 사는 사람은 누구나 다 하나님의 자녀로 삼아 주십니다. 14절부터 30절까지의 말씀입니다. 바울은 15절에서 우리를 자녀 삼아 주시는 성령과 대비되는 영으로 우리를 두려움에 빠뜨리는 종살이의 영이 있음을 말합니다. 누가복음 15장 탕자의 비유에 나오는 큰형의 영이 종살이의 영입니다. 아들인데 아버지의 집을 떠난 것도 아닌데, 아버지의 집에서 종으로 살고 있는 사람. 온갖 율법적 규율 속에 자기를 속박하고, 아버지에게마저 적대감을 품고 살던 사람, 죽음에서 돌아온 형제를 기쁘게 맞이하지 못하고 형제의 잘못을 지적하며 정죄하던 사람, 아버지를 정감 어린 마음으로 '아빠'라고 부르지 못하며 살았던 사람. 그에 반해 하나님의 영을 따라 사는 사람은 자기의 허물에도 불구하고 자신을 자녀로 품어 주시는 하나님의 품에 감사함으로 안기는 사람입니다. 17절에서 바울은 중요한 선언을 합니다.

> **자녀이면 상속자이기도 합니다. 우리는 그리스도와 더불어 공동상속자입니다.**

탕자를 받아주신 것만도 감사한데, 그저 아버지의 집에 한 명의 종으로 지내도 족한데 자녀를 넘어 우리를 그리스도와 공동상속자라고 말하고 있습니다. 감히 '내가?' '우리가?'라는 생각이 듭니다. 황송한 일입니다.

바울은 19절부터 '하나님의 자녀 삼아주심 이야기' 중간에 피조물의 이야기를 갑자기 꺼냅니다. '피조물이 하나님의 자녀들이 나타나기를 간절히 기다리고 있다. 피조물이 허무에 굴복했지만 그들도 소망을 품고 있다. 썩어짐의 종살이에서 해방되어 하나님의 자녀가 누릴 영광된 자유를 얻고 싶어 한다. 그 소망 때문에 그들은 이제까지 함께 신음하고 함께 해산의 고통을 겪고 있다'고 말합니다(19-22절). 바울은 여기서 구원과 하나님의 자녀 삼아 주심의 영역을 모든 피조물에까지 확장시키고 있습니다. 하나님의 자녀 삼아 주심의 영역이 유대인을 넘어 이방인에게까지 확장되더니 이제는 모든 피조물까지 확장된 겁니다. 그리스도 안에서 발견한 평등의 관점, 영원한 생명의 높고 넓은 시야가 어디까지 적용되어야 하는지를 바울이 보여주고 있습니다. 우리는 그간 너무나 오랫동안 나만의 구원과 우리만의 구원에 매몰되어 살아온 건 아닌지, 그래서 복음의 뿌리에서 멀어진 건 아닌지 돌아보아야 합니다. 2,000년 전에 살았던 우리의 신앙 선배 바울도 피조물의 신음을 들었습니다. 피조물 또한 하나님 안에서 같은 자녀임을 고백했습니다. 유엔 보고서에 따르면 지금 지구의 생물 중 100만 종이 멸종 위기에 놓였다고 합니다. 최근 들어 그 멸종의 속도는 급격하게 빨라지고 있는데 주된 원인은 인간이라는 종 때문입니다. 호모사피엔스 한 종이 사라지면 모든 피조물이 멸종의 위기를 벗어날 수 있습니다. 이제는 우리도 바울이 들었던 피조물의 신음 소리를 들어야 하지 않을까요? 그리고 하나님 안에서 같은 자녀인 뭇 피조물과 함께 살 수 있는 길을 찾아야 하지 않을까요? 우리 안에 그리스도의 영이 있다면 그렇게 살아야 하지 않을까요? 그리스도의 영은 생명과 평화의 영이니까요.

28절에서 30절은 '자녀 삼아 주심'의 단락을 매듭짓는 부분입니다. 28절과 29절을 읽어보겠습니다.

> 하나님을 사랑하는 사람들, 곧 하나님의 뜻대로 부르심을 받은 사람들에게는 모든 일이 서로 협력해서 선을 이룬다는 것을 우리는 압니다. 하나님께서는 미리 아신 사람들을 택하셔서 자기 아들의 형상과 같은 모습이 되도록 미리 정하셨으니, 이것은 그 아들이 많은 형제 가운데서 맏아들이 되게 하시려는 것입니다.

하나님께서 인종도 다르고 문화적 배경도 다르고 성별도 다른 우리를 한 자녀로 불러 모으신 이유가 협력해서 선을 이루게 하기 위함이랍니다. 참 아름다운 고백 아닙니까? 다 다르지만 하나님의 뜻을 중심으로 함께 힘을 모아 선한 일을 하는 사람들. 그 사람들이 하나님의 자녀들입니다. 바울은 29절에서 엄청난 발언을 했습니다. 우리를 당신의 자녀로 불러 모으신 하나님의 목적은 우리 모두를 예수와 같은 모습이 되게 하기 위함이라고. 하나님은 우리가 예수와 더불어 공동상속자가 되는 선을 넘어서 우리가 예수와 같은 사람이 되게 하신답니다. 로마서의 정상이 높을 것이라고 생각은 했지만 이렇게까지 높을지는 모르셨죠? 그러나 그리스도와 같은 사람이 된다는 말에는 영광만 담겨 있지 않습니다. 앞서 바울이 그리스도인은 그리스도와 공동상속자라고 말하면서 공동상속자가 되기 위해서는 그리스도와 함께 고난을 받아야 한다고 말했습니다. 곧 예수 그리스도와 같이 된다는 것은 로마서 8장에 따르면 그리스도처럼 생명과 평화의 세상을 열기 위해 고난을 마다하지 않는 사람이 된다는 것이고, 우리 강의의 제목을 가지고 말하자면 그리스도와 함께 평등과 영원의 세상을 열기 위해 고난을 감당하는 사람이 되는 것입니다.

31절 이하에서 마지막 절까지는 5장에서 시작되었던 그리스도와 그리스도인의 관계에 대한 설명을 마무리하는 글입니다. 5장부터 8장 30절까지의 주요 내용을 다시 살펴보겠습니다. 5장. 그리스도인은 그리스도의 죽으심을 통해 하나님과 화해하게 되었다. 죄와 유죄 선고와 죽음만 있는 아담의 세계에 살지 말고 예수님께서 새롭게 여신 세계, 용서와 무죄선고와 생명 살림이 있는 세계에서 살아야 한다. 6장. 그리스도인은 그리스도와 함께 죽고 함께 사는 존재다. 그리스도인은 죄의 종이 아니라 그리스도의 종이 되어 살아야 한다. 7장. 그리스도인은 율법에 대하여 죽고 그리스도에 속하게 된 존재다. 죄의 수렁에 빠져 있던 우리를 율법은 건져주지 못했지만 그리스도께서는 건져 주셨다. 8장. 그리스도의 영인 성령이 우리를 죄와 죽음에서 해방 주셨다. 그러니 이제 더이상 육신을 따라 살지 말고 영을 따라 살아라. 하나님의 영으로 인도함을 받는 사람은 누구나 다 하나님의 자녀로 삼아 주신다. 자녀 삼으실 뿐 아니라 그리스도와 공동상속

자로 세워주시고, 더 나아가 그리스도와 같은 모습이 되게 하신다.

그런 맥락 속에서 바울은 31절을 시작합니다. 그 안에는 우리를 향한 하나님의 크고 깊고 넓은 사랑이 담겨 있습니다. '자기 아들을 아끼지 않으시고 우리에게 모두를 내주신 분이 우리 편이다. 하나님이 편들어 주시는 우리를 누가 대적하겠는가? 하나님께서 택하신 우리를 누가 고발하겠는가? 하나님이 우리를 의롭다 하시는데 우리를 누가 정죄하겠는가?' 대적과 고발과 정죄. 슬프게도 이건 바울의 일상이었습니다. 가는 곳마다 대적하는 이들이 있었고 그들에 의해 바울은 정죄당하고 고발당했습니다. 35절에서 말하는, 환난, 곤고, 박해, 굶주림, 헐벗음, 위협, 칼 모두 바울이 복음을 전하다가 맞게 된 어려움들이었습니다. 그러나 바울은 힘주어 말합니다. 그 무엇도 우리를 그리스도의 사랑에서 끊을 수 없다고. 그리고 그런 일을 당해도 주님께서 주시는 힘으로 이기고도 남는다고. 38, 39절에서 바울은 감동적인 고백을 이어갑니다. "나는 확신합니다. 죽음도, 삶도, 천사들도, 권세자들도, 현재 일도, 장래 일도, 능력도, 높음도, 깊음도, 그 밖에 어떤 피조물도, 우리를 우리 주 예수 그리스도 안에 있는 하나님의 사랑에서 끊을 수 없습니다." 결국, 그리스도와 그리스도인의 관계는 이 세상 그 어떤 것으로도 끊을 수 없다는 말입니다. 몇 번을 읽어도 감동적인 고백입니다.

그런데 우리는 이 고백을 나와 그리스도와의 개인적 관계 속에서만 생각하면 안 됩니다. 공동체적 관점에서 읽을 필요가 있습니다.

예수님께서 보여주신 사랑이 그러하였기 때문입니다. 예수님은 율법이 하나님의 사랑에서 끊어낸 자들 - 세리, 창기, 병자, 가난한 자, 이방인을 하나님의 자녀로 삼아 주셨습니다. 그들은 이스라엘에서 죄인으로 불리던 자들이었습니다. 율법을 지키지 못했다고, 가난하다고, 병들었다고, 피부색이 다르다고 하나님의 자녀가 될 수 없었던 사람들이었습니다.

그 무엇도 우리를 그리스도의 사랑에서 끊을 수 없다는 말이 로마 교회에서 선포되었을 때, 유대 기독교인과 이방 기독교인은 서로를 어떤 눈빛으로 바라보았을까요? 탕자를 바라보던 아버지의 눈빛이었을까요? 아니면 형의 눈빛이었을까요?

한 사람 한 사람을 향한 하나님의 사랑, 그리스도의 사랑은 율법이나 할례나 인종이나 성별이나 사상이나 그 어떤 것으로도 끊을 수 없습니다. 우리 모두 하나님의 자녀이며 공동상속자이고 그리스도의 형상을 지니고 있습니다. 인간뿐 아니라 뭇 피조물도 그러합니다. 주님께서 당신의 자녀로 부르신 이를 우리의 생각과 판단을 기준으로 끊어낼 수는 없습니다.

제6강

로마서 9-11장

　오늘은 로마서 강의 여섯 번째 시간으로 로마서 9, 10, 11장을 공부하겠습니다. 가능하면 성경책을 앞에 펼쳐 놓으시고 강의 중에 언급되는 성경 구절을 눈으로 따라 읽으며 들으시면 좋겠습니다. 9, 10, 11장을 공부하기에 앞서 지난 시간에 공부했던 내용을 잠시 복습하겠습니다. 중요한 부분이라.

　바울은 5에서 8장에서 그리스도와 그리스도인의 관계를 설명했습니다. 그리스도인은 그리스도를 통해 하나님과 화해하게 된 자, 아담의 세계에서 사는 자가 아니라 그리스도의 세계에서 사는 자, 그리스도와 함께 죽고 함께 사는 자, 죄의 종이 아니라 그리스도의 종으로 사는 자, 그리스도를 통해 율법의 지배에서 벗어난 자, 그리스도의 영인 성령을 통해 죄와 죽음에서 해방된 자, 하나님의 자녀이고 그리스도와 공동상속자이며 그리스도와 같은 모습을 한 자입니다. 그리스도인에 대한 바울의 정의를 읽다 보면, 나는 과연 그리스도인답게 살고 있는가 자문해보게 됩니다. 한참 미치지 못합니다. 그럼에도 불구하고 바울의 정의를 통해 다시 한번 그런 지향을 마음에 새롭게 품어봅니다.

상상을 해 보았습니다. 예수 그리스도의 복음을 전해 들은 사람들이 예수를 믿고 죄 사함을 받은 것에 감격하고 의롭게 여겨주심에 감사하는 것에서 그치지 않고, 바울의 말처럼 예수 그리스도로 인해 이 땅에 새로운 세상을 열고, 그리스도께서 추구하셨던 가치를 충실히 지키며, 율법과 같이 인간이 세운 규율에 지배당하지 않고 하나님의 생명의 법을 따르며, 마치 한 명의 예수처럼 살게 된다면 이 얼마나 굉장한 일일까요. 복음을 전해 들은 유대인마다 이방인마다 각자의 자리에서 또 한 명의 예수로 설 수 있다면 이 얼마나 엄청난 일일까요. 그런 일이 우리를 통해서도 일어나길 소망해 봅니다.

그럼 이제 9, 10, 11장을 살펴보겠습니다. 9, 10, 11장은 유대인의 문제를 집중적으로 다룹니다. 사실 바울은 로마서에서 처음부터 지금까지 계속 유대인의 문제를 다루어 왔습니다. 특히 이방 기독교인과의 관계에 있어서. 유대인과 이방인은 죄 아래 평등하고 또한 믿음을 통해 의롭게 여김을 받음에 평등하다. 유대인이 이방인보다 낫지 않다. 하나님은 유대인만의 하나님이 아니라 이방인의 하나님도 되신다. 아브라함은 유대인의 조상만이 아니라 믿음을 가진 이방인의 조상이기도 하다. 유대 기독교인과 이방 기독교인은 모두 그리스도인이다. 바울은 시종일관 이 둘의 차별 없음과 평등을 강조했습니다. 그 과정에 있어서 바울은 선민의식과 율법과 할례를 강조하는 유대인을 몰아붙이듯 이야기한 적이 많았습니다. 그게 마음에 걸려서였을까요. 적지 않은 분량을 할애하여 동족 유대인을 향한 자기의 마음을 털어놓습니다.

1. 육신의 자녀와 약속의 자녀

먼저 9장 1에서 5절을 보겠습니다.

나에게는 큰 슬픔이 있고, 내 마음에는 끊임없는 고통이 있습니다. 나는, 육신으로 내 동족인 내 겨레를 위하는 일이면, 내가 저주를 받아서 그리스도에게서 끊어질지라도 달게 받겠습니다(롬 9:2, 3).

이는 마치 출애굽한 이스라엘 공동체가 광야에서 황금송아지 우상을 만들어서 하나님께서 이스라엘을 치려 하셨을 때, 모세가 "주님께서 그들의 죄를 용서하여 주십시오. 그렇게 하지 않으시려면, 주님께서 기록하신 책에서 저의 이름을 지워 주십시오"(출 32:32)한 것과 같습니다. 이스라엘은 하나님의 자녀의 신분이 있고, 하나님을 모시는 영광이 있고, 하나님과의 언약이 있고 율법이 있고 예배가 있고, 족장들도 그들의 조상이고, 그리스도도 육신으로는 이스라엘 사람이셨습니다(4, 5절). 한마디로 유대인은 태생적으로 하나님으로부터 많은 것을 받은 사람이었습니다.

그러나 바울은 이내 유대인들이 듣기 힘들어할 이야기를 합니다.

육신의 자녀가 하나님의 자녀가 되는 것이 아니라 약속의 자녀가 참 자손이다(롬 9:8).

이삭의 두 아들 에서와 야곱 중에서 하나님이 육신적 장자인 에서를 택하지 않으시고 차자인 야곱을 약속의 자녀로 택하셨음을 예로 듭니다. 이스라엘은 스스로 야곱이라 생각했고 이방인을 에서로 생각해왔는데, 바울은 여기서 이 둘의 위치를 역전시킵니다. 이방 기독교인을 약속의 자녀인 야곱으로, 장자임을 강조하던 유대인들을 에서로. 그러면서 그 선택은 사람의 행위에 근거한 것이 아니라 전적으로 하나님의 권한이라고 말합니다(9-13절).

바울의 적대자들은 바로 반론합니다. 모든 것을 그렇게 하나님 마음대로 결정해 놓으신다면 14절. '하나님은 불공평하다.' 19절. '그렇다면 하나님은 사람의 잘못을 책망하실 수 없다.' 바울은 이에 대해서 〈토기장이론〉으로 답합니다

만들어진 것이 만드신 분에게 "어찌하여 나를 이렇게 만들었습니까?" 하고 말할 수 있습니까? 토기장이에게, 흙 한 덩이를 나누어서, 하나는 귀한 데 쓸 그릇을 만들고, 하나는 천한데 쓸 그릇을 만들 권리가 없겠습니까?"

바울은 다시 한번 하나님께서 유대인뿐 아니라 이방인도 자녀로 부르셨다고 말합니다(24절). 이에 대한 논증으로 호세아서의 말씀과 이사야서의 말씀을 인용하기도 합니다(25-29절).

하나님께서 이방인도 자녀로 부르셨기에 이방인도 믿음을 통해 의를 얻었다(30절) 말한 후에 바울은 유대인들의 잘못을 재차 지적합니다. 31, 32절. '이스라엘은 의의 율법을 추구하였지만 그 율법에 이르지 못했다. 왜냐하면 그들은 믿음에 근거하여 의에 이르려 하지 않고 행위에 근거해 의에 이르려고 했기 때문이다.' 여기서 주의할 것은 '행위'라는 말이 선행을 의미하는 것이 아니라 '할례와 같은 율법'과 선민의식을 강조하는 태도 등을 의미한다는 것입니다. 그리고 믿음에 근거해 의에 이르지 못했다는 것은 이스라엘이 예수를 그리스도로 믿지 않아 의롭게 여김을 받지 못했다는 말입니다.

9장을 읽다 보면 바울은 결코 유대인을 위로하기만 할 마음은 아니었음을 알 수 있습니다. 바울은 유대인의 민족적 자존심이 상처 입는 것에는 크게 신경을 쓰지 않았습니다. 오로지 이스라엘을 향한 하나님의 언약의 본뜻이 무엇인지를 그들이 깨닫기를 바랐습니다. 혈

연과 혈통을 강조하고 장자권을 강조하던 유대인의 선민사상도 사실 하나님의 말씀 속에서 보면 하나님이 에서가 아니라 야곱을 선택하심으로 이미 깨졌다며, 오로지 하나님 자손이 되느냐 마느냐는 전적으로 하나님의 선택이라고 말한 것입니다. 11절의 '선택하심의 원리'라는 말, 13절에 "내가 야곱을 사랑하고, 에서를 미워하였다." 15절, "내가 긍휼히 여길 사람을 긍휼히 여기고, 불쌍히 여길 사람을 불쌍히 여기겠다.", 16절, "사람의 의지나 노력에 달려있는 것이 아니다"와 같은 말 그리고 〈토기장이론〉, 이방인도 자녀로 부르셨다는 호세아서와 이사야서의 내용 등은 다 그런 맥락에서 나온 말입니다. 그런데 이런 발언들은 모든 것이 다 하나님에 의해 정해져 있다는 예정론적인 발언, 결정론적인 발언처럼 들리는 것도 사실입니다. 정말 모든 것을 그렇게 하나님께서 당신의 마음대로 다 정해놓으셨다면 우리 인간이 할 수 있는 일이란 무엇일까요? 바울은 왜 이렇게 하나님의 전권을 강조하고 있는 걸까요?

'모든 것이 신에 의해 이미 정해져 있다'는 논리는 역사 속에서 주로 지배자들에 의해 주장되어 왔습니다. 그래서 한 나라의 왕은 신이 내린 아들, 천자(天子)였지요. 강자는 그런 예정론과 결정론을 앞세워 지배와 차별을 정당화해왔습니다. 선민의식에 빠져 이방인을 철저히 차별하던 유대인들 속에도 그런 예정론과 결정론이 굳건하게 자리하고 있었습니다. 바울은 그 그릇된 예정론과 결정론을 정면으로 반박하고 있습니다. 말씀 속의 인물과 말씀의 여러 구절을 인용한 이유도 거기에 있습니다. 하나님은 자유로우십니다. 장자를 선택하실 수도 있고 차자를 선택하실 수도 있습니다. 호세아와 이사야가 이야기했듯이 하나님은 내 백성이 아닌 자 중에 '사랑하는 백성'을 세우실 수도 있습니다. 세상의 예정론과 결정론은 권력자의 지배와 인간 사이의 차별을 정당화하지만, 믿음의 예정론과 결정론은 하나님의 자유와 인간 사이 평등의 근거로 작용합니다.

2. 순종한 이방인과 불순종한 유대인

10장을 보겠습니다. 바울은 9장 앞부분과 같이 동족을 향한 자기의 마음을 드러냅니다.

> **내 마음의 간절한 소원과 내 동족을 위하여 하나님께 드리는 내 기도의 내용은 그들이 구원을 얻는 일입니다.**

그러나 9장에서와 마찬가지로 바로 유대인의 문제를 지적합니다. 그들은 하나님을 열심히 섬기기는 했지만 하나님의 의를 따르지 않고 자기의 의를 따랐습니다(2, 3절). 바울은 신명기 30장에 나와 있는 말씀을 인용합니다. '율법은 하늘 위에 있는 것이 아니어서 하늘로 올라가서 받아올 필요도 없고, 바다 건너에 있는 것도 아니어서 바다를 건너가 받아올 필요도 없다. 율법은 당신들의 입에 있고 마음에 있으니 쉽게 실천할 수 있다.' 믿음의 의도 그와 같이 성취하기 어렵지 않다고 말합니다. 믿음은 그리스도를 하늘에서 모셔 와야 한다든지 음부에서 모셔 와야 하는 것처럼 불가능한 것을 요구하지 않는다고 말합니다(5-8절). 바울이 전파하는 믿음은 이것입니다. '예수를 주님이라고 입으로 고백하고, 그가 죽음을 넘어 부활하셨음을 믿으면 구원을 얻을 것이다(9절). 이 믿음에는 유대 사람이나, 그리스 사람이나 차별이 없다(12절). 주님의 이름을 부르는 사람은 누구나 구원을 얻을 것이다(13절).'

믿음에 대한 바울의 정의에서 믿음의 요체, 곧 '예수의 주되심에 대한 고백과 부활하심에 대한 믿음'도 중요하지만, 믿는 자의 범위도 중요합니다. 믿음의 세계에서는 인종과 신분과 성별의 차별이 없습니다. 누구에게나 열려 있는 세계입니다. 예수의 주되심을 고백하는 삶과 평등을 지향하는 삶은 분리될 수 없습니다. 왜냐하면 예수님께서 보여주신 삶이 평등의 삶이었기 때문입니다. 예수님은 온갖 차별의 경계를 지우며 사셨습니다. 유대인들이 복음을 받아들이지 않는 이유 중에는 그 평등을 받아들일 수 없었기 때문도 있었을 것입니다. 교회가 오래도록 로마서의 주제를 개인적 칭의로만 보고 바울이 로마서에서 줄기차게 강조해온 공동체적 평등과 차별 없음을 등한시해 이유 중에도 그런 이유가 있었던 것은 아닐까요? 안타깝지만 기독교의 역사는 백인 남성 중심의 역사였습니다. 이는 부인할 수 없는 사실입니다. 기독교는 오랫동안 그 시각에서 성경 읽고 해석해왔습니다. 많은 권한을 가진 자에게, 하나님께서 죄를 용서해주시고 그의 믿음을 보고 의롭게 여겨주신다는 이야기는 은혜롭게 와닿았을 것입니다. 그 본문이 등장한 배경과 문맥에 상관없이. 그러나 믿음 안에서 모든 이가 평등하고 아무 차별이 없다는 이야기는 읽고 싶지 않은 이야기, 별로 동의하고 싶지 않은 이야기, 성경에 쓰여 있지만 없는 이야기였을 것입니다.

다시 로마서의 본문으로 돌아가 보겠습니다. 이스라엘 사람들도 복음에 대해서 이미 들어서 알고는 있었습니다. 그런데 왜 복음이 유대와 이방 모두에게 전해졌는데 이방인은 믿고 유대인은 안 믿은 것일까요? 바울의 답변입니다. 복음에 대해 들었다고 모든 사람이 복음에 순종하는 것은 아니기 때문이고(16절) 이방인을 통해 이스라엘의 질투심을 일으키기 위함이랍니다(19절). 질투심에 대해서는 11장에서 더 자세히 다룹니다.

3. 신비한 비밀

11장을 보겠습니다. 이스라엘이 불순종했지만 하나님께서 자기 백성을 버리신 것은 아닙니다(1절). 바울은 엘리야에게 하나님께서 바알에게 무릎 꿇지 않은 칠천 명을 남겨 두었다, 말씀하셨던 것처럼 은혜로 택한 사람을 남겨 두셨다고 말합니다(2-5절). 이스라엘은 완고하지만 그중 일부는 바울처럼 택하심을 받았습니다. 그러나 대부분의 이스라엘은 눈이 있어도 보지 못하고 귀가 있어도 듣지 못하는 이들이 되었습니다(8, 9절).

사실 바울 또한 눈이 있어도 보지 못하고 귀가 있어도 듣지 못하던 자 중에 하나였습니다. 다메섹 이전의 바울이 그러하였죠. 이스라엘 사람들은 플라톤의 동굴의 비유에 나오던 사람들처럼 바울이 동굴 밖 세상을 보고 돌아와서 동굴 안에서 보는 세상은 참된 것이 아니라 '그림자'에 지나지 않는다 알려주었지만 그들은 그 메신저의 말을 듣지 않고 미치광이 취급하며 잡아 죽이려 했습니다.

바울은 11-16절에서 소위 〈질투론〉을 말합니다. 10장 마지막 부분에서 한 번 이야기한 바가 있지요. 유대인이 복음을 받아들이지 않아서 구원이 이방 사람들에게 이르렀는데 이것은 이스라엘에게 질투하는 마음이 일어나게 하기 위함이라고 말합니다. 바울은 유대인의 질투심을 일으켜서 그 가운데서 몇 사람만이라도 구원하고 싶다고 말합니다. 그러나 아쉽게도 실제로 그런 일은 거의 일어나지 않았습니다.

17-24절은 〈뿌리와 가지론〉입니다. 이스라엘은 참올리브 나무이며 이방인은 그 나무에 접붙임된 돌올리브나무 가지입니다. 그러니 이방인은 본래의 가지들, 즉 유대인을 향해 우쭐대면 안 됩니다. 그리고 하나님께서 본래의 가지도 아끼지 않으셨으니 접붙인 가지

인 이방인도 아끼지 않으실 것입니다. 그러니 교만한 마음을 품지 말고 도리어 두려워하라고 말합니다. 그리고 또한 "믿지 않아서 잘려나갔던 본 가지가 믿게 되어 다시 붙임을 받게 될 거다. 그것은 돌올리브 나뭇가지인 당신이 붙임을 받는 것보다 더 쉬운 일이다"라고 말합니다.

이는 말 그대로 이방 기독교인에게 자신이 유대인보다 우월하다고 여기지 못하도록 주의를 주고 있는 것입니다. 바울은 지금 균(均)하고 있는 겁니다. 균등하게 하고 있는 겁니다. 간신히 균형을 맞추어가고 있는 운동장이 다시 반대쪽으로 기울어지지 않도록 말입니다.

25에서 33절에서 바울은 〈신비한 비밀〉을 한 가지 말합니다. 이방 사람의 수가 다 찰 때까지 이스라엘 사람들 가운데서 일부가 완고해진 대로 있을 것과 그 수가 다 차면 결국 온 이스라엘이 구원을 받게 되리라는 것입니다. 그것이 하나님과 이스라엘 사이에 언약이기 때문이고, 이스라엘은 조상 덕분에 하나님의 사랑을 받는 사람들이기 때문이랍니다. 하나님께서 주시는 고마운 선물과 부르심은 철회되지 않는다고 말합니다. 지금은 이스라엘 사람들이 순종하고 있지 않지만, 이방인이 믿음을 통해 의롭게 여김을 받는 자비의 광경을 보고는 회개하여 그들도 하나님의 자비하심을 입게 될 거라 말합니다. 그러나 안타깝게도 바울이 바라본 신비한 비밀의 일은 아직까지 일어나고 있지는 않습니다.

마태복음 15장에는 꽤 까다로운 본문이 나옵니다. 예수님께서 두

로와 시돈 지역에 가셨는데 가나안 여인이, 곧 이방 여인이 예수님께 나와 자기 딸에게서 귀신을 쫓아내 달라고 예수님의 발 앞에 엎드려 간청합니다. 우리가 예상할 수 있는 다음 장면은 예수님이 그 여인의 간구를 들어주시고 그 여인의 딸에게서 귀신을 쫓아내 주시는 겁니다. 그런데 예수님은 그 여인에게 이렇게 말씀하십니다. "나는 오직 이스라엘 집의 길을 잃은 양들에게 보내심을 받았을 따름이다." "자녀들의 빵을 집어서, 개들에게 던져 주는 것은 옳지 않다." 충격입니다. 사랑의 예수, 사마리아 여인도 만나 주시고, 귀신 들린 마리아에게서 귀신을 내어쫓아 주신 예수님이 아닙니다. 그냥 유대 남자입니다. 이방인을 비하하고 배척하며 유대주의를 따르던 그 당시의 평범한 유대 사람 중의 하나입니다. 이방 여인은 하나님의 양이 아니랍니다. 그걸 넘어서 개 취급하셨습니다. 어쩌면 이 대목에서 유대인들은 좋아했을지도 모릅니다. 예수님이 자기들과 똑같이 행동하셔서. 여인은 "주님, 그렇습니다. 그러나 개들도 주인의 상에서 떨어지는 부스러기는 얻어먹습니다"라며 자신을 한껏 낮추면서도 예수님에 대한 전적인 신뢰를 드러냈습니다. 그러자 예수님께서는 여인의 믿음을 칭찬하시고는 여인의 딸을 낫게 해 주셨습니다. 이 이야기가 들려주고 있는 바는 무엇입니까? '유대인과 이방인의 경계를 넘는 것은 예수님도 힘드셨다' 입니까? 그게 아닙니다. '예수님도 그 힘든 경계를 넘으셨다. 그러니 너희도 넘으라. 믿음과 복음과 구원은 결코 유대인만의 것이 아니다' 입니다. 예수님의 제자들은 예수님의 부활 이후 유대와 예루살렘과 사마리아의 경계를 넘어 이방인에게까지 복음을 전했습니다. 그때 이방인들은 믿음으로 그 복음에 응답했습니다. 그러나 유대인들은 복음을 받아들이지 않았습니다.

33-36절에서 바울은 유대인과 이방인을 모두 구원하시는 하나님의 신비를 찬양하며 단락을 마무리합니다.

> 하나님의 부유하심은 어찌 그리 크십니까? 하나님의 지혜와 지식은 어찌 그리 깊고 깊으십니까? 그 어느 누가 하나님의 판단을 헤아려 알 수 있으며, 그 어느 누가 하나님의 길을 더듬어 찾아낼 수 있겠습니까? 누가 주님의 마음을 알았으며, 누가 주님의 조언자가 되었습니까? 누가 먼저 무엇을 드렸기에 주님의 답례를 바라겠습니까? 만물이 그에게서 나고, 그로 말미암아 있고, 그를 위하여 있습니다. 그에게 영광이 세세에 있기를 빕니다. 아멘.

이를 조금 풀어서 말해보겠습니다.

인류 모두가 하나님의 품이 넓음을 깨달을 수 있길, 우리의 지혜와 지식은 상대적인 것이고 절대적인 지혜와 지식은 하나님의 지혜와 지식뿐임을 깨달을 수 있길, 어느 누구도 하나님의 판단을 헤아릴 수 없음을 깨달을 수 있길, 우리는 그저 길을 조금만 알고 있음을 겸허히 인정할 수 있기를, 우리는 하나님의 마음을 다 알 수 없다는 걸 늘 인정할 수 있기를, 우리의 판단이 결코 주님의 판단을 능가할 수 없음을 잊지 말기를, 우리는 삶에 필요한 모든 것을 하나님께로부터 거저 받아 살아가는 인생임을 잊지 않기를 그리고 무엇보다 모든 사람, 모든 피조물이, 유대인과 이방인을 가리지 않고, 자유인과 종을 가리지 않고, 남자와 여자를 가리지 않고 하나님에게서 생겨났고, 하나님으로 말미암아 살아가고, 하나님을 위해 존재하고 있음을 잊지 않기를, 늘 그렇게 하나님 앞에서 서로를 인정하며 살 수 있길 빕니다. 아멘.

제7강

로마서 12-15장

　오늘은 로마서 일곱 번째 시간입니다. 로마서 12장 1절부터 15장 13절까지 공부하겠습니다. 14장에서 시작된 이야기가 15장 13절까지 이어져서 같이 보려고 합니다. 장수로는 많아 보이지만 실제 분량은 그렇게 많지는 않습니다.

　바울은 5에서 8장에서 그리스도와 그리스도인의 관계에 대해 말했습니다. 9에서 11장에서는 유대인과 이방 기독교인의 관계에 대해 말했습니다. 그렇다면 만약에 여러분이 바울이라면 로마서의 마지막 부분에 해당하는 12에서 15장에서는 무슨 이야기를 하시겠습니까? 바울은 여기서도 관계에 대해 이야기합니다. 다음의 두 가지를 말합니다. 첫째, 그리스도인과 다른 그리스도인과의 관계. 그리고 둘째, 그리스도인과 세상과의 관계입니다. 인간의 삶은 관계로 구성

되어 있습니다. 신앙도 마찬가지입니다. 기독교의 신앙은 나와 그리스도와의 관계가 핵심이지만 그 관계의 진실성은 반드시 나와 너 사이의 관계 속에서 증명되어야 합니다. 나와 너의 관계 속에서 구현되지 않는 나와 그리스도의 관계는 의미가 없습니다. 예수님께서 "너희 가운데 지극히 작은 자 하나에게 한 것이 나에게 한 것이다"라고 말씀하신 이유도 거기에 있습니다.

1. 관계론

12장을 보겠습니다. 12장 1, 2절은 이하에 나오는 모든 인간 관계론의 총론입니다. 제일 중요하고 핵심이 되는 말씀입니다. 1, 2절을 읽어보겠습니다.

여러분의 몸을 하나님께서 기뻐하실 거룩한 산제물로 드리십시오. 이것이 여러분이 드릴 합당한 예배입니다. 여러분은 이 시대의 풍조를 본받지 말고, 마음을 새롭게 함으로 변화를 받아서, 하나님의 선하시고 기뻐하시고 완전하신 뜻이 무엇인지를 분별하도록 하십시오.

바울은 로마서 3:25에서, 속죄의 제물이 되신 그리스도의 희생을 통해 하나님께서 우리의 죄를 용서해주시고 의롭게 여겨주셨다고 말한 바 있습니다. 제물은 죽음을 통해 하나님께 드려집니다. 제물은 그 죽음과 드려짐을 통해 단절되었던 사람과 하나님 사이를 연결해 줍니다. 그리스도께서 제물이 되어 하신 일은 바로 그 일이었습니다. 사람과 하나님 사이를 연결해 주는 일. 그리스도와 같은 모습이 된 그리스도인도(8:29) 그 일을 해나가야 한다고 바울은 말하고 있습니다. 사람 사이의 관계에 있어, 그리스도인이 늘 염두에 둘 것은 나로 인해 그가 하나님과 연결되도록 하는 것입니다. 그것이야말로 그리스도인이 해야 할 선하고 합당한 일이며 하나님께서 기뻐하실만한 일입니다.

3-8절은 그리스도인 간의 관계에 대한 것으로 특별히 교회 봉사에 대해 말하고 있습니다. 바울은 교회는 하나의 몸이고 교회 구성원은 각각 하나의 지체라고 말합니다. 그러니 각자는 믿음의 분량대로 분수에 맞게 생각하며 봉사하라고 권면합니다. 예언하는 일, 섬기는 일, 가르치는 일, 권면하는 일, 나누는 일, 지도하는 일, 자선을 베푸는 일 등. 모두가 하나의 몸에 속해 있음을 인식하며 자기의 달란트와 믿음의 분량에 맞게 봉사하면 된다는 말입니다. 한 몸의 교회와 다양한 지체론과 성령의 다양한 은사에 대해서는 고린도전서 12장과 14장에서 좀더 자세히 다루었습니다.

9-21절은 그리스도인 간의 관계와 그리스도인과 이웃과의 관계에 대한 권면이 뒤섞여 나옵니다. 잠언의 말씀처럼 짧은 구절의 권면이 연속적으로 나열되어 있습니다. '거짓이 없어야 한다. 악한 것을

미워하고 선한 것을 굳게 잡으라. 사랑으로 서로 다정하게 대하고 먼저 존경하라. 열심히 부지런히 일하라. 성령의 뜨거운 마음으로 주님을 섬겨라. 소망을 품고 즐거워하고 환난을 당해도 인내하며 기도를 꾸준히 하라. 성도의 필요를 살펴 그가 필요로 하는 것을 채워주고, 손님 대접하기를 힘쓰라. 박해하는 사람을 축복하고, 저주하지 마라. 기뻐하는 사람들과 함께 기뻐하고, 우는 사람들과 함께 울어라. 서로 한 마음이 되라. 교만한 마음을 품지 말고, 비천한 사람들과 사귀고 스스로 지혜 있는 척 마라. 악을 악으로 갚지 말고, 모든 사람이 선하다고 생각하는 일을 하려고 애써라. 가능한 한 모든 사람과 더불어 화평하도록 하라. 스스로 원수를 갚지 말고 하나님께 맡기라. 네 원수가 주리거든 먹을 것을 주고, 그가 목말라 하거든 마실 것을 주라. 악에게 지지 말고 선으로 악을 이기라.' 우리 귀에 익숙한 구절들이지만 하나하나 내가 그렇게 실천하고 있는가를 생각해 보았을 때, 높은 수준의 신앙을 바울이 요구하고 있다는 것을 알 수 있습니다. 위 구절 중 우리가 두세 구절만이라도 평생 실천하며 살 수 있다면 우리는 좀더 그리스도인다운 그리스도인이 될 수 있을 것입니다. 그런데 위 신앙의 덕목들을 찬찬히 살펴보면, 마치 바울이 한 사람을 머릿속에 떠올리며 그의 삶의 자세를 나열하고 있는 것은 아닌가 하는 생각이 듭니다. 거짓 없음, 선을 굳게 잡음, 사랑으로 사람들을 대함, 사람들의 필요를 채워줌, 박해하는 사람을 축복함, 기뻐하는 사람과 함께 기뻐하고 우는 사람과 함께 울어줌, 비천한 사람들과 사귐, 선한 일을 하려고 애씀, 악에게 지지 않고 선으로 악을 이김. 우리는 그렇게 사셨던 한 분을 잘 알고 있습니다. 예수 그리스도. 그리스도께서 사람을 만나고 대하던 방식과 그리스도인이 사람을 만나고 대하는 방식이 다를 수 없다고 바울이 말하고 있는 것만 같습니다.

2. 사회적 관계

바울은 13장에서 대사회적인 관계들에 대해 말합니다. 세상의 치리자와의 관계, 이웃과의 관계, 날로 어두워지는 사회와의 관계에 대해. 이는 로마라는 사회 속에서 살아가는 로마교회의 교인들이 사회적 책임과 의무를 다하도록 권면하는 내용입니다.

1에서 7절에서 그리스도인과 세상의 치리자와 관계에 대해 말합니다. '치안관들은 좋은 일을 하는 사람에게는 두려울 것이 없고 나쁜 일을 하는 사람에게만 두려움이 된다. 권세를 행사하는 사람은 여러분에게 유익을 주려고 일하는 하나님의 일꾼이다. 조세와 관세를 바쳐라. 그것은 공익을 위한 의무다'(3에서 7절). 이 이야기들은 상식적인 이야기죠. 그런데 1, 2절은 많은 논쟁을 불러일으켰습니다.

사람은 누구나 위에 있는 권세에 복종해야 한다. 모든 권세는 하나님으로부터 온 것이다. 권세를 거역하는 사람은 하나님의 명을 거역하는 것이다.

모든 권세가 다 정의로운 권세는 아닐 텐데 독재와 불의한 권력에 대해서도 복종해야 한다는 말처럼 들릴 수 있습니다. 실제로 불의한 정권에 빌붙은 어용 신학자와 목회자들이 이 본문을 그렇게 해석하기도 했습니다. 바울이 로마의 교인들에게 세상의 권세에 협조적인 자세를 요청한 것은, 서기 49년 로마에서 유대인들이 소요사태 일으켜 클라우디우스 황제에 의해 강제 추방된 경험 있었기에 혹시라도 로마교회가 다시 똑같은 어려움을 겪지 않게 하기 위해 '조치'의 의미로 한 말입니다. 이 말은 모든 시대의 모든 권력에 대해 모든 기독교회가 지켜야 할 영구불변의 진리를 선포한 것은 아니라는 것을 알아야 합니다.

예수님도 신앙인의 대사회적 자세에 대해 언급하신 적이 있습니다. 사람들이 예수님을 책잡으려고 가이사에게 세금을 바치는 것이 옳으냐 그르냐 물었습니다. 예수님은 동전을 가져와 보라 하시고는 그 동전에 있는 화상이 가이사의 화상임을 재확인시켜주시며 말씀하셨습니다. '가이사의 것은 가이사에게 하나님의 것은 하나님에게 바쳐라' 사람들은 예수님의 그 말씀에 모두 놀랐습니다. 예수님의 말씀은, '가이사의 얼굴이 찍힌 돈은 가이사에게 바쳐라. 그리고 네가 하나님의 사람이라면 너는 하나님께 바쳐라'는 말이었습니다. 이 말씀은 오늘 우리를 향한 말씀이기도 합니다.

8에서 10절에서는 사랑에 대해 말합니다. 이는 그리스도인 간의 관계에도 해당되는 말이지만 그보다는 그리스도인과 이웃과의 관계에 무게를 두고 하는 말로 보는 게 타당해 보입니다.

> 서로 사랑하는 것 외에는 아무에게도 빚을 지지 마십시오. 남을 사랑하는 사람은 율법을 다 이룬 것입니다. 간음하지 말아라. 살인하지 말아라. 도둑질하지 말아라. 탐내지 말아라 하는 계명과 그 밖에 또 다른 계명이 있을지라도, 모든 계명은 네 이웃을 네 몸과 같이 사랑하여라는 말씀에 요약되어 있습니다. 사랑은 이웃에게 해를 입히지 않습니다. 그러므로 사랑은 율법의 완성입니다.

마가복음 12장에서 예수님께서 '가장 큰 계명은 하나님을 사랑하고 네 이웃을 네 몸과 같이 사랑하는 것이다. 이 계명보다 더 큰 계명은 없다'고 하신 말씀과 같은 말씀입니다. 여기서 바울은 율법의 최고봉으로 사랑을 이야기했지만, 고린도전서 13장에서는 은사의 최고봉으로 사랑을 이야기한 바 있습니다. 사랑은 가치 중 최고의 가치이며 누구도 이를 부정할 수는 없을 겁니다.

11에서 14절에서 바울은 날로 어두워지는 사회 속에서 그리스도인이 어떤 자세로 살아야 하는지를 말합니다. 바울은, 구원의 때가 점점 가까워지고 있다. 밤이 깊고 낮이 가까이 왔다고 말합니다. 구원의 때는 종말과 심판의 때를 말합니다. 그러니 '어둠의 행실을 벗어버리고 빛의 갑옷을 입고, 낮에 행동하듯 단정하게 행하고 호사스런 연회와 술 취함, 음행과 방탕, 싸움과 시기에 빠지지 말라. 주 예수 그리스도로 옷을 입으라'고 말합니다. 그리스도로 옷을 입으라는 말은 세례와 연관된 말입니다. 바울은 갈라디아서 3장 27절에서 "여러분은 모두 세례를 받아 그리스도와 하나가 되고, 그리스도를 옷으로 입은 사람들"이라고 말했습니다. 바울은 그리스도인은 사회의 어둠을 탓하기보다는 그리스도와 하나가 된 사람으로 빛이 되어 살아가야 한다고 말하고 있습니다.

3. 약한 사람과 강한 사람

이제 14장을 보겠습니다. 14장은 교회 내에서 벌어진 하나의 갈등 상황, 관계가 틀어진 경우를 예로 들면서, 그 문제를 풀 수 있는 해법을 제시한 장입니다. 이는 마치 고린도전·후서에서 바울이 고린도교회 내부의 여러 문제에 대한 목회적인 해법을 제시한 것과 같습니다. 고린도전서 8에서 10장에는 우상에게 바쳐진 고기를 먹어야 하는가 말아야 하는가에 대한 바울의 답변이 나와 있습니다. 로마교회에서도 그와 유사한 문제가 있었던 것 같습니다. 고기를 먹어야 하는가 말아야 하는가, 포도주를 마셔야 하는가 말아야 하는가, 어떤 특별한 절기를 지켜야 하는가 말아야 하는가에 대해서 바울은 자기 나름의 답을 제시하고 있습니다. 이 내용은 14장에서 끝나지 않고 15장 13절까지 이어집니다.

먼저, 로마교회에서 '믿음이 약한 자'로 여겨졌던 사람들의 행동을 살펴보겠습니다. 그들은 고기는 먹지 않고 채소만 먹었습니다(2절). 이날을 저 날보다 중요하다고 여겼습니다(5절). 술을 마시지 않았습니다(21절). 그들은 기독교로 들어온 지 얼마 되지 않은 유대 기독교인이거나 율법적 기독교의 영향을 받은 이방 기독교인으로 추정이 됩니다. 로마교회에 있던 유대 기독교인 전체가 아니라 그중에서도 소수의 유대 기독교인 무리였던 것 같습니다. 그들은 유대의 절기를 지키며 고기와 포도주를 금했던 것으로 보입니다. 그런데 로마교회에서 누군가가 그들을 비판했습니다(3절). 비판만 한 것이 아니라 업신여기고(10절) 심판했습니다(13절). 비판과 업신여김과 심판의 근거는 그들의 믿음이 약하다는 것이었습니다. 여기서 약하다는 '초보' 혹은 '부족하다'는 의미뿐 아니라 '옳지 않다', '나쁘다'는 의미가 담겨 있습니다. 그러나 바울의 말처럼 그들도 다 주님 안에서 더 바르게 믿어보고자 그렇게 행동했던 것이지 결코 그릇되거나 나쁜 행동을 한 것은 아니었습니다(6에서 8절). 대부분의 사회에서 다수와 다른 길을 가는 소수는 '다른 사람'이 아니라 '틀린 사람'이 됩니다. 옳지 않은 사람, 나쁜 사람이 됩니다. 그리고 무리에서 많은 불이익을 당하고 배제당합니다. 고기를 먹든 안 먹든, 포도주를 마시건 안 마시건, 어떤 날을 특별히 여기건 아니건 그 자체로 부정하지는 않습니다(14절). 오히려 누군가 그걸 문제 삼아 다른 누군가를 부정하다 비판하고 업신여기고 심판하면, 심판하는 본인이 사랑의 계명을 어기는 것이며 비판당하는 이를 위해서 죽으신 그리스도의 희생을 무의미하게 만드는 것입니다(15절).

바울이 제시하는 해법은 이렇습니다. 서로 남을 심판하지 마라. 형제자매 앞에 장애물과 걸림돌을 놓지 마라(13절) 먹고 마시는 문제로 형제자매의 마음을 상하게 하지 마라(15절). 그와 나 사이에 시빗거리가 아니라 의와 평화와 기쁨이 있게 하라(17절) 화평을 도모하고 서로 덕을 세워라(19절) 형제나 자매를 걸려 넘어지게 하는 일은 하지 마라(20, 21절). 자기 신념대로 사는 자를 정죄하지 말라, 그의 신념이 틀렸다면 그는 하나님 앞에서 심판 받을 것이다(22절).

'무엇을 먹느냐 안 먹느냐'의 차이는 극히 작은 차이입니다. 그 작은 차이가 비판과 심판과 배제의 이유가 될 수 없습니다. 작은 차이를 문제 삼아 관계가 틀어지는 일은 그 둘 사이에 이미 의와 평화와 기쁨이 없을 때 벌어집니다. 이미 둘 사이가 올바르지 못할 때, 서로 관계가 평화롭지 못할 때, 서로에게 기쁨이 되지 못할 때, 작은 차이는 큰 다툼과 갈등의 이유가 됩니다. 작은 차이는 나와 너 사이에 수도 없이 많습니다. 우리가 관계에 있어 서로 힘써야 할 것은 모든 차이를 없애는 것이 아니라 서로 화평하려 노력하고 덕을 세우는 것입니다.

4. 서로를 받아들여라

해법은 15장으로 이어집니다. 믿음이 강한 사람이 약한 사람을 돌보아 주어야 한다. 자기에게 좋을 대로만 해서는 안 된다(1절). 자기 이웃의 마음에 들게 행동하면서 유익을 주고 덕을 세워야 한다(2절). 자기 좋을 대로만 하지 않으셨던 그리스도 예수를 본받아라(3에서 4절).

바울이 12장 앞부분에서 이야기했듯이 사람마다 감당할 수 있는 일의 분량이 다릅니다. 능력의 차이가 존재합니다. 강한 자가 약한 자를 위해 해야 하는 일은 정죄와 비판이 아닙니다. 이해와 돌봄입니다. 신영복 선생님은 사람이 다른 사람과 어떻게 관계를 형성해야 제일 좋은 가에 대해서 다음과 같이 말씀하신 적이 있습니다.

> 관찰보다는 애정이, 애정보다는 실천적 연대가, 실천적 연대보다는 입장의 동일함이 중요합니다. 입장의 동일함 그것은 관계의 최고 형태입니다.

하나님과 율법에 대해 전문가인냥 행동했던 바리새인들은 믿음이 약한 자를 판단하고 정죄했습니다. 그러나 예수님은 믿음이 약한 자, 죄인으로 낙인찍힌 자들의 친구가 되어 주셨습니다. 친구가 누구입니까? 그의 입장을 나의 입장으로 삼고 그가 기뻐할 때 같이 기뻐하고 그가 올 때 같이 울어주는 사람입니다. 예수님은 마태복음 7장 12절에서 우리가 사람들과 어떻게 관계를 맺으며 살아가야 하는지에 대해 말씀하셨습니다. "남에게 대접을 받고자 하는 대로 먼저 남을 대접하라" 소위 황금률이죠. 예수님의 황금률을 예수님의 생애와 연결해서 생각해 보면, 사람들이 예수님을 보고 하나님의 아들이라고 고백하게 된 것은 예수님이 먼저 모든 사람을 하나님의 자녀로 대접하셨기 때문입니다. 진정 강한 자라면 사람을 그렇게 대해야 합니다. 그와 나 사이에 차이와 거리를 만들고 판단하고 정죄하는 게 아니라.

7에서 13절은 사람 간의 관계에 대한 단락을 매듭짓는 부분입니다. 여기서 바울은 로마서 내내 자신이 다루어 왔던 유대 기독교인과 이방 기독교인의 관계에 대해 마지막으로 당부합니다. 핵심이 되는 구절인 7절을 보겠습니다.

> 그러므로 그리스도께서 하나님의 영광을 드러내시려고 여러분을 받아들이신 것과 같이 여러분도 서로 받아들이십시오

'그리스도께서 우리를 받아들이신 것과 같이 우리도 서로를 받아들여야 한다' 이 한 마디에 기독교 신앙의 핵심이 담겨 있습니다. 죄는 우리 모두를 죄 아래 동일한 존재로 하향평준화를 시켰습니다. 그러나 우리의 작은 믿음을 보시고 의롭게 여겨주시는 예수 그리스도

의 은혜는 우리 모두를 하나님의 자녀로 상향평준화를 시켜주셨습니다. 그것은 우리의 힘 ─ 율법이나 할례나 인종이나 성별을 통해 이루어낸 일이 아니라 하나님께서 은혜 가운데 허락하신 일입니다. 하나님이 우리를 똑같은 자녀로 받아주셨으니 우리도 서로를 받아주는 것이 마땅합니다. 그 크신 사랑 앞에서 우리의 인종과 신분과 성별과 기호의 차이, 율법의 유무, 할례의 유무는 너무나 작은 것입니다. 그 작은 것을 앞세워 서로를 판단하고 정죄하고 배제하는 것은 그 모든 차이를 넘어 우리를 사랑하신 하나님의 사랑을 무시하는 겁니다.

마태복음 18장에는 한 왕과 두 종 이야기가 나옵니다. 한 종이 왕에게 만 달란트를 빚졌습니다. 왕은 그 종에게 그 자신과 그 아내와 자녀들과 그 밖에 그가 가진 모든 것을 팔아 빚을 갚으라고 명령했습니다. 도저히 그럴 수 없었던 종은 왕 앞에 무릎 꿇고 간청합니다. '참아 주십시오. 어떻게 해서든 다 갚겠습니다' 종이 애원하는 모습을 가엾게 여긴 왕은 그를 놓아주고 빚을 다 없애주었습니다. 그런데 그 종은 나가서 자기에게 백 데나리온을 빚진 동료를 만나자 그의 멱살을 잡고 빚을 갚으라 독촉했습니다. 그 동료가 그 앞에 엎드려 간청합니다. '참아주게, 내가 다 갚겠네.' 그러나 그는 그의 말을 들어주지 않았고 빚진 돈을 갚을 때까지 감옥에 갇혀 있게 했습니다. 이 소식을 알게 된 왕이 그 종을 불러다가 말합니다. '이 악한 종아, 네가 애원하기에 나는 너의 빚을 다 없애 주었다. 내가 너를 불쌍히 여긴 것

처럼, 너도 네 동료를 불쌍히 여겼어야 할 것 아니냐'

하나님은 당신과 우리 사이에 있는 엄청난 차이를 문제로 여기시지 않고 우리를 받아들여 주셨습니다. 그렇다면 우리도 나와 너 사이에 존재하는 작은 차이를 문제 삼아, 너를 죄인으로 낙인찍어 내 마음의 감옥에 가두어 두는 일은 그만두어야 합니다. 내가 그와 나 사이에 만든 간극은 나와 그 사이만 멀게 만드는 것이 아니라 나와 하나님 사이를 멀게 만듭니다. 어리석은 일입니다. 우리의 죄를 없이 여겨주시고 우리의 작은 믿음을 보시고 의롭다 여겨주신 주님께 보답하는 길은, 나와 너 사이의 간극을 줄이고 그가 연약할 때 그를 돌봐주고 그를 하나님의 자녀로 귀하게 여겨주는 것뿐입니다. 다른 길은 없습니다.

17세기 유럽에서 가톨릭교회를 지지하는 국가들과 개신교를 지지하는 국가들이 30년 동안이나 전쟁을 벌였습니다. 그로 인해 800만 명이 죽었습니다. 똑같이 예수를 그리스도로 고백하는 가톨릭과 개신교가 서로를 죽인 것입니다. 주요 전쟁터였던 독일은 황폐해진 국가를 재건하는데 100년이 걸렸습니다. 유럽은 종교를 빛이 아니라 어둠으로, 생명이 아니라 죽음으로 체험하였고 이 전쟁 이후 종교에서 멀어지고 이성을 의지하는 길을 선택하게 됩니다. 30년 전쟁은 복음의 본정신을 잃어버린 신앙이 인간의 욕망에 굴복할 때 얼마나 폭력적이고 악마적일 수 있는지 여실하게 보여주었습니다. 이 말도 안 되는 참상 속에서 멜데니우스라는 신학자는 다음과 같이 말했다고 합니다. "본질적인 것에는 일치를, 비본질적인 것에는 자유를, 이 모든 것들 위에는 사랑을." 본질적인 것에는 일치를, 비본질적인 것에는 자유를, 이 모든 것들 위에는 사랑을. 그 말은 우리를 향한 또 하나의 황금률입니다.

제8강

로마서 15-16장

　오늘은 〈평등과 영원의 복음, 로마서〉 마지막 시간입니다. '마지막'이란 말이 주는 여러 느낌이 고스란히 느껴집니다. 마음을 차분히 하고 일단, 로마서의 마지막 부분을 공부하겠습니다. 지난 시간에는 12장부터 15장 13절까지 살펴보았습니다. 그리스도인 간의 관계와 그리스도인과 세상과의 관계에 있어 실천해야 할 것들을 다루었습니다. 제일 중요한 말씀은 '그리스도께서 여러분을 받아들이신 것과 같이 여러분도 서로 받아들이십시오'라는 말씀이었습니다. 오늘은 그에 이어 15장 14절부터 16장 마지막 절까지 살펴보고 나서, 로마서를 마무리하도록 하겠습니다. 다른 날과 마찬가지로 성경을 앞에 펼쳐놓으시고 강의를 들으면서 해당 구절을 눈으로 따라 읽으시면 좋겠습니다.

1. 마무리

15장 14-21절에서 바울은 자기가 어떤 마음가짐으로 로마서를 작성하였는지를 밝힙니다. 15절에서 바울은 자신이 몇 가지 점에 대해서 매우 담대하게 썼다고 말합니다. '담대하게 썼다', 우리는 그 부분이 어떤 부분인지 알고 있습니다. 소위 '선언적 발언'이라고 이야기했던 구절들입니다.

1:16 복음은 유대인부터 이방인까지 모든 믿는 사람을 구원하시는 하나님의 능력이다.

1:17 하나님의 의가 복음 속에 나타났다. 이 일은 오로지 믿음에 근거하여 일어난다.

2:28, 29 겉모양이 유대인이 유대인이 아니라 속사람이 유대인이라야 유대인이다. 살갗에 받은 할례가 할례가 아니라 마음에 받은 할례가 할례다.

3:9 유대인이 이방인보다 낫지 않다. 전혀 그렇지 않다.

3:22 하나님의 의는 예수 그리스도를 믿는 믿음을 통하여 오는 것인데, 모든 믿는 사람에게 미친다. 거기에는 아무 차별이 없다.

3:29 하나님은 유대인만의 하나님이 아니라 이방인의 하나님도 되신다.

4:16 아브라함은 유대인과 믿음을 가진 이방인의 공동 조상이다.

9:8 육신의 자녀가 하나님의 자녀가 되는 것이 아니라 약속의 자녀가 참 자손이다.

10:12 주님은 유대 사람이나, 그리스 사람을 차별하지 않으신다. 모든

사람에게 똑같이 주님이 되어주시고, 그를 부르는 모든 사람에게
풍성한 은혜를 내려주신다.

이는 유대의 율법주의와 선민의식을 비판하며 복음을 받아들인
이방 기독교인과 유대 기독교인 간의 차별 없음과 평등을 강조한 내
용들이었습니다. 모두 유대 기독교인이 쉽게 받아들이기에는 어려
운 것들이었습니다. 바울도 그걸 알고 있었지만 그렇게 담대하게 쓴
이유는 잊고 있던 중요한 사실을 다시 생각나게 하기 위함이라고 말
합니다(15절). 또한 바울이 그렇게 계속 이방 기독교인의 입장을 편
들며 서신을 쓴 이유는, 자신이 '이방 사람에게 보내심을 받은 그리
스도 예수의 일꾼'이기 때문이라고 말합니다(16절). 바울은 이방 사
람들에게 복음을 전하는 일을 말과 행동과 표징과 이적의 능력으로,
성령의 권능으로 이루어 왔다고 말합니다(18, 19절). 우리는 사도행
전을 통해 바울의 그 말이 진실임을 알고 있습니다. 또한 바울이 이
방인들에게 복음을 전한 이유 중 하나는 이사야서 52:15의 말씀처
럼, 복음을 알지 못하던 사람들에게 복음을 전하는 것을 자신의 일로
받아들였기 때문입니다(20, 21절).

그리고 한 가지 이유를 추가하자면, 로마서 1:14에서 바울 본인
이 이야기한 것처럼 '그리스 사람에게나 미개한 사람에게나 지혜가
있는 사람에게나 어리석은 사람에게나 다 빚을 진 사람'이라는 자의
식을 가지고 있었기에 빚을 갚는 마음으로 사람을 가리지 않고, 지역

을 가리지 않고 복음을 전한 것입니다. 바울은 다른 그 누구에게보다 예수 그리스도에게 빚을 졌다고 생각했습니다(8:12). 바울이 사울이 었을 때 그는 예수 믿는 사람들의 죽음을 당연한 것으로 여겼습니다 (행 8:1). 예수 믿는 사람의 죽음을 당연하게 여겼으니 예수의 죽음 도 당연한 것으로 여겼겠지요. 다메섹 사건 이후 그 당연함은 빚이 되었고, 이후 바울의 모든 행위는 빚 갚음의 행위였습니다. '먼저 세 상을 떠난 이에 대한 미안함과 고마움의 빚을 갚는 최선의 방법은 그 가 하던 일을 이어가는 것이다'라는 말이 있습니다. 바울은 예수님이 하셨던 일을 충실하게 이어갔습니다. 그는 예수님처럼 율법과 인종 과 성별과 신분의 경계를 뛰어넘어서 복음을 전했습니다.

바울이 많은 충돌과 반대가 예상되는 상황 속에서도 이방 기독교 인을 편들며 담대하게 써 내려간 로마서가 로마교회에 전달되어 읽 혀졌을 때 그 교회의 구성원들, 특히 유대 기독교인의 생각을 얼마나 바뀌었는지는 알 수 없습니다. 그러나 그 변화 여부와 상관없이 바울 의 담대한 글쓰기는 그 자체로 의미가 있었다고 생각합니다. 기독교 역사에 있어, 교회가 생명의 열매를 맺어야 한다는 본분을 잃어버리 고 몸집 불리기나 기득권 유지하기와 같은 잎사귀만을 무성하게 매 달고 있을 때, 로마서는 열매인 척 행세를 하고 있는 잎사귀의 허위 를 폭로하고, 외면당하고 있던 뿌리를 다시 돌아보게 만듦으로 교회 가 생명력을 회복하는 데 큰 도움을 주었기 때문입니다.

바울은 22절에서 33절에서 자신의 로마교회 방문 계획과 스페인

선교의 계획을 밝힙니다. 바울은 '나는 새로운 땅에 복음을 전하기 위해 스페인으로 갈 것입니다. 지나가는 길에 로마에서 당신들을 만나보고 잠시라도 서로 기쁨을 나누길 원합니다. 그리고 여러분의 후원을 얻어 스페인을 가게 되길 바랍니다'라고 말합니다(23, 24절). 한마디로 지금 바울은 로마교회를 향해 스페인 선교 후원 요청을 하고 있는 겁니다. 바울의 이야기를 더 들어보시죠. '일단 지금은 예루살렘 교회에 구제금을 전달하기 위해 예루살렘으로 갑니다. 그 후에 로마에 들렀다가 스페인으로 가겠습니다. 예루살렘에서 믿지 않는 이들에게 화를 당하지 않도록, 예루살렘으로 가져가는 구제금을 그곳 성도들이 기쁘게 받아주기를 위해 기도해 주십시오'(25-33절). 실제로 바울은 예루살렘에 갔다가 유대인들의 비위를 맞추기 위해 정결 예식까지 행했지만 오히려 이방인을 성전에 들였다는 오해를 받아 큰 어려움을 겪게 됩니다(행 21장). 바울 자신도 그와 같은 어려움을 겪으리라 예상했기에 로마의 교인들에게 기도를 요청한 것입니다.

2. 안부 인사

이제 16장을 보겠습니다. 16장 1-16절에는 수많은 사람의 이름이 나열되어 있습니다. 바울은 먼저 고린도교회의 일꾼인 뵈뵈라는 사람을 로마교회로 보내면서 그에 대한 추천사를 씁니다. 뵈뵈는 많은 사람을 도와준 사람으로 바울 자신도 그에게 신세를 많이 졌다고 말하면서 로마교회가 그를 잘 영접해주고 잘 도와주기를 바란다고 말합니다. 3절부터 16절까지는 로마교회에 있는 바울의 지인들에게 전하는 안부 인사입니다. 직접 이름이 언급된 사람들만 따져도 26명이고 가족 단위로 언급된 사람들까지 따지면 그 수는 훨씬 늘어날 것입니다. 몇 사람만 살펴보겠습니다. "나의 동역자인 브리스길라와 아굴라에게 문안하여 주십시오. 그들은 생명의 위험을 무릅쓰고 내 목숨을 구해 준 사람들입니다. 나의 사랑하는 에배네도에게 문안하여 주십시오. 그는 아시아에서 그리스도를 믿은 첫 열매입니다. 주님 안에서 택하심을 받은 루포와 그의 어머니에게 문안하여 주십시오. 그의 어머니는 곧 내 어머니이기도 합니다." 수십 명의 얼굴 하나하나를 고마움과 그리움 속에서 떠올리며, 이름 하나하나를 적어간 글을 읽다 보면 마음이 쩡해집니다. 바울이 한 사람 한 사람과의 관계를 얼마나 소중하게 여겼는지가 느껴집니다. 그런데 한 사람이 보고 싶은 사람들의 이름을 나열한 글을 우리 기독교는 성서, 거룩한 문서로 고백합니다. 여기에 담겨 있는 의미는 무엇일까요? 우리가 거룩해지는 것도 사람과의 관계 속에서 이루어지는 일이요. 속되지는 것도 관계 속에서 이루어지는 일입니다. 서로를 향한 그리움과 고마움이 담긴 이 긴 명단은 관계를 통해 거룩하게 산다는 것이 무엇인지를 은연중에 우리에게 보여주고 있는 듯합니다.

바울은 17-20절에서 마지막 당부의 말을 합니다. 바울이 가르쳐

준 바를 거스르는 자, 그것을 빌미삼아 분열을 일으키고, 올무를 놓는 자를 경계하라 말합니다. 바울은 연이어 말합니다.

그들은 우리 주 그리스도를 섬기는 것이 아니라, 자기네 배를 섬기는 것이며, 그럴듯한 말과 아첨하는 말로 순진한 사람들의 마음을 속이는 것입니다.

그들은 바울의 다른 서신들에서 '다른 복음을 전하는 자'로 할례와 철저한 율법 준수를 주장했던 이들로 추정이 됩니다. 그들은 바울이 가는 곳마다 훼방을 놓았고 분열을 일으켰습니다. 로마교회에도 이미 그런 자들이 있었거나 곧 그런 자들이 올 것을 예상하면서 한 말로 보입니다.

21-24절은 바울과 함께 고린도에 머물던 기독교인들의 인사를 로마교회에 전하는 내용입니다. 바울의 동역자인 디모데, 루이오, 야손, 소시바더의 이름과 고린도교회의 교인이었던 가이오, 에라스도와 구아도의 이름이 소개되었습니다. 그리고 22절에는 바울의 구술을 듣고 필사하여 직접 로마서를 써 내려간 더디오의 이름도 기록이 되어 있습니다.

바울은 25-27절에서 하나님을 찬양하며 서신을 마무리합니다.

하나님께서는 내가 전하는 복음 곧 예수 그리스도에 관한 선포로 여러분을 능히 튼튼히 세워주십니다. 그는 오랜 세월 동안 감추어 두셨던 비밀을 계시해 주셨습니다. 그 비밀이 지금은 예언자들의 글로 환히 공개되고, 영원하신 하나님의 명을 따라 모든 이방 사람들에게 알려져서, 그들이 믿고 순종하게 되었습니다. 오직 한 분이신 지혜로우신 하나님께, 예수 그리스도로 말미암아 영광이 영원무궁하도록 있기를 빕니다. 아멘.

바울은 예수를 만나고 나서야 자신이 알지 못하던 세계가 있음을 알게 되었습니다. 율법이 완전하고 영원하다고 생각했었지만 그렇지 않았습니다. 완전하고 영원한 세계는 예수 그리스도께서 보여주신 사랑의 세계였습니다. 인종과 율법의 유무를 가리지 않고 믿음으로 하나님의 자녀가 되는 그 세계는 사실 예언자들이 바라보았던 세계였습니다. 바울은 자신에게 그 세계를 보여주시고 또한 자기를 통해 그 세계를 이방인들에게 전하게 하신 하나님께 영광의 찬양을 올리며 서신을 마칩니다.

강의를 마치며

이것으로 로마서 1장부터 16장까지의 공부를 모두 마쳤습니다. 바울이 로마서를 마무리했으니 저도 이제 『평등과 영원의 복음, 로마서』를 마무리하겠습니다.

바울은 로마서를 마무리하며 15장 15절에서 '기억을 새롭게 하려고' 담대하게 로마서를 썼다고 말했습니다. 우리는 바울이 담대하게 쓴 구절을 읽으면서 로마교회의 교인들이 느꼈을 당혹스러움과 충격을 상상하며 같이 긴장할 수밖에 없었습니다. 바울이 좀 과격하게 말한 이유는 로마교회의 유대 기독교인이 선민의식과 할례와 율법을 앞세워 이방 기독교인을 차별했기 때문이었습니다. 유대 기독교인은 차별을 통해 율법을 높이는 듯했지만 그것은 결국 자신을 높이는 것이었고 그런 태도는 예수 그리스도께서 보여주신 복음의 정신에 반하는 것이요. 오히려 예수를 죽음으로 내몬 유대 율법주의자들의 모습과 같은 것이었습니다. 그것이 바로 바울이 로마서를 쓴 이유였습니다. 유대 기독교인과 이방 기독교인이 같이 복음을 받아들이고 예수를 그리스도로 고백하면서도, 인종의 차이와 율법과 할례의 유무를 들어 사람을 차별하는 행태를 고치기 위해, '유대 기독교인과 이방 기독교인 모두 죄인이고 모두 믿음 안에서 의롭게 여겨주심을 받았으니 서로 차별하지 말라. 이 둘 모두 믿음을 통해 의롭게 여김을 받은 아브라함의 자손이다. 육신을 따른 자손이 아니라 믿음의 약속을 따른 자손이다. 둘 모두가 그리스도와 공동상속자다. 하나님께서 사랑하는 이를 그 어떤 이유를 들어서도 그 사랑에서 끊어버릴 수 없다'라고 이야기한 것입니다.

바울이 이전에 없던 이야기를 한 것은 아니었습니다. 바울이 이야기한 세상은 이미 예언자들이 내다본 세상이었고 예수 그리스도께서 이 땅에서 실현하시고 구현하신 세상이었습니다. 우리는 로마서 강의 중간중간에 복음서의 말씀을 읽고 묵상하면서 바울의 이야기가 예수님의 이야기와 다르지 않음을 확인할 수 있었습니다. '자기도 죄 가운데 있으면서 다른 이를 쉽게 죄인으로 정죄하며 그를 향해 돌맹이를 던지는 것은 옳지 않다. 자기는 늘 옳다는 착각을 버리고 정죄와 심판의 돌맹이도 버리고 살아라. 율법에 대해 잘 알고 계명을 잘 지킨다며 자기 의를 앞세우는 사람보다 자기의 이중성과 비참함에 마음 아파하는 이가 훨씬 하나님의 의에 가깝다. 병에 걸린 것이 죄가 아니다. 병과 같은 연약함이 결코 정죄의 대상이 될 수 없다. 그를 위해 할 일은 돌봄과 치유다. 탕자를 바라보던 형의 눈빛으로 서로를 바라보지 말고, 탕자를 바라보던 아버지의 눈빛으로 서로를 바라보며 살아라. 두 형제 모두가 하나님의 사랑 안에 있음을 잊지 마라. 내가 가나안 땅 이방 여인의 믿음을 보고 그를 받아 준 것과 같이 너희도 이방인을 받아들여라. 하나님께서 허물이 많은 너희를 받아주셨던 것처럼 너희도 서로를 받아주며 살아야 한다. 작은 차이를 들어 서로를 정죄하고 마음의 감옥에 상대를 가두는 일을 그만하라.' 우리는 종종 바울과 예수를 분리해서 생각하는 경향이 있는데 그렇지 않습니다. 바울의 복음이 따로 있고 예수의 복음이 따로 있지 않습니다.

마음이 착잡합니다. 로마서를 정말 많이 읽은 한국교회가 다시 유대 율법주의로 돌아가 있기 때문입니다. '믿음으로 의롭게 여김을 받아 구원을 받는다'는 칭의론을 하나님과 나 사이의 개인적인 관계 속에서만 생각합니다. '내가 믿어서 나는 구원받게 되었다'는 생각은 '믿지 않은 자와 나는 다르다'라는 생각을 키웠고, 그 생각은 다른 사람에 대한 정죄와 자기 우월감으로 나타났습니다. 이는 로마교회의 유대 기독교인들이 보여준 모습과 너무나도 비슷합니다. 바울이 로마서에 쏟아부었던 모든 수고와 노력이 안 하느니만 못하게 되었습니다. 칭의론이 구원을 말하는 것, 맞습니다. 그러나 그 구원은 '나만의 구원'이 아니라 '나와 너의 차별 없는 평등한 구원'입니다. 우리는 그간 '너'를 빼고 로마서를 읽어왔습니다. 바울은 이방인도, 피조물도 그 '너' 안에 넣었습니다. 그건 바울이 자의로 한 것이 아니라 예수 그리스도께서 보여주신 복음의 정신을 따라 한 것입니다. 예수님은 인간이 만들어놓은 온갖 경계를 뛰어넘어, 만나는 모든 이 한 명 한 명을 하나님의 자녀로 귀하여 여겨주셨습니다. 모든 생명이 귀하다는 마음을 갖게 하신 이도 예수님이셨습니다. 예수님은 들에 핀 꽃

한 송이와 공중 나는 새 한 마리에도 하나님의 돌보심의 손길이 가닿아 있음을 일깨워 주셨습니다. 이제 우리는 '나만의 구원'에서 벗어나 예수님과 바울이 일러준 '나와 너의 구원'의 세계로 나아가야 합니다. 그리고 지금보다 더 많은 이를 그 '너'의 자리에 초대해 나가야 합니다.

로마서를 읽는 내내 부러웠던 것은 바울이 가지고 있었던 영원의 관점이었습니다. 그 관점은 바울이 예수 그리스도를 통해 얻게 된 것이었습니다. 그 높은 시야를 얻고 보니 유대인을 넘어 이방인도 보이고, 이방인을 넘어 허무하게 스러져가는 피조물의 아픔도 보게 되었습니다. 정죄와 차별과 차등의 시선을 거두고 이해와 평등과 공감의 시선으로 세계를 보게 되었습니다. 그 시선은 곧 이 세계를 바라보던 예수 그리스도의 시선이었습니다. 바울은 로마서에서 그리스도께서 그리스도인에게 주신 것은 '영원한 생명'이라고 세 번이나 말했습니다. 바울이 그렇게 말할 수 있었던 것은 바울 본인이 예수를 통해 그것을 얻었기 때문입니다. 영원한 생명, 영생. 이 말은 죽지 않고 영원히 산다는 의미보다는 참되게 산다는 의미로 보아야 할 것입니다. 어찌 사는 것이 바르게 사는 것인지를 바울은 예수를 통해 보았고, 본인도 그 뒤를 따라 살았습니다. 우리는 바울이 영생을 얻은 자라고 말하기를 주저하지 않습니다. 왜냐하면 우리는 그가 예수 안에서 참되게 살았던 사람임을 알기 때문입니다. 그가 삶을 통해 보여준 가치는 영원합니다. 바울이 아담과 그리스도를 비교하며 한 사람으로 말미암아 죽음의 세계가 시작되었고 또 다른 한 사람으로 말미암아 생명의 세계가 시작되었다고 한 말이 마음속에서 맴돕니다. 바울은 예수 한 사람과의 만남을 통해 이전과는 전혀 다른 삶을 살게 되었습니다. 그뿐 아니라, 바울은 자기 한 사람으로 말미암아 다른 사람들도 이전과 다른 삶을 살게 되길 소망했습니다. 그 소망이 바울을 로마로, 스페인으로 가게 만들었고, 로마서를 포함해 많은 서신을 쓰게 만들었습니다. 우리에게도 바울과 같은 소망이 있길 바랍니다.

로마서 강의는 여기까지입니다. 긴 산행을 마치고 산 아래로 내려온 느낌입니다. 산을 다 내려왔을 때 안도감과 작은 성취감 속에서 산행 중 보았던 아름다운 풍경을 다시 한번 떠올리게 되듯, 로마서의 몇몇 구절과 그 구절을 썼던 바울의 마음과 두 달 동안 함께 로마서를 공부했던 여러분의 얼굴이 떠오릅니다. 여러분은 어떤 느낌인지 궁금하네요. 로마서에 여러 능선과 봉우리가 있었는데 여러분에게는 어떤 능선과 봉우리가 인상적으로 남았는지 궁금합니다. 그리고 첫 강의 때 여러분이 로마서 산행을 하시는 데 있어서, 제가 좋은 가이드가 되어 드리겠다고 말씀을 드렸는데 그 역할을 잘 해냈는지도 의문입니다. 바라기는, 어렵다고만 생각했던 로마서가 이제는 '아, 바울이 로마서에서 하려고 했던 이야기가 이런 이야기였구나'라는 깨달음으로 바뀌었길, 그리고 좀 더 욕심을 내보자면 그 깨달음이 깨달음에서 그치는 것이 아니라 너와 나의 관계 속에서 작용할 수 있길 소망해 봅니다. 우리가 함께한 로마서 산행은 오늘로 끝나지만 앞으로 혼자서도 그 봉우리와 능선에 올라보시고, 또 다른 때에 다른 이들과도 함께 올라보시길 바랍니다. 그때는 지금과 비슷하면서도 또 다르게 다가오겠지요. 모두 수고하셨습니다. 감사합니다.